マスコミ偽善者列伝

建て前を言いつのる人々

加地伸行
Nobuyuki Kaji

飛鳥新社

第3章 マスコミ

序章　薄っぺらな国家批判　浜矩子の言説を例に

老生――今やまさに老残の身。金《かね》はなし、他人《ひと》は相手にしてくれず、行くところもなし。長生きすれば、恥多し。

やむをえず、コップ一杯のビールで、朝から晩までテレビを観ては、登場人物の発言を罵倒《ばとう》しておるわ。

もっとも、AKB48とか乃木坂46とか、小娘らの踊りは気に入っておる。と言うのも、小娘どもはおそらく何も考えずに踊っているのであろう、ひょっとすると、無我の境地――坐禅に近いかもしれぬといささか勘違いするところの日々。

その老生、ここ十年、世の姿や人の説について、あれこれ書き留《と》めてきた。そしてなにやら得たものを中国古典の心に重ね、下手な絵画風に描いてきた。言わば、わが心を重ねた中国古典画か。

それがかなりの数になってきたところ、まとめて個展を開いてはいかがかと土井尚道飛鳥新社社長の御推輓《すいばん》をいただいた。もともと花田紀凱同社編集長の指揮の下、自由に書かさせていただき、愉快な年月であった。さらには、かなりの数の拙稿から、とりあえずは一冊分選び出し、分野ごとに分けるという面倒な編集を同社の工藤博海氏が担当してくださった。性来、怠惰な老生、お世話になった三氏に心より感謝申しあげてやまない。

こうして完成した〈古典個展〉、それを音読すると〈コテンコテン〉。この音、はてどこかで聞いたような気がする。それは〈悪口雑言〉いや〈罵詈讒謗《ばりざんぼう》〉ということよ。老生にぴったり。

わが老残、いや老害の日々ゆえにこそ、言いたきことを言うまでよ。ということで、〈つれづれなるままに古典個展〉一巻、ここに誕生。

さて、その中身のことであるが、まずはサンプルをお示しいたしたい。さしあたり、主題は〈国家〉とでも冠しておこう。もちろん、抽象的な国家論を述べたてるなどという気は毛頭ない。あくまでも、真実の追求が老生の関心事。そこで浜矩子《はまのりこ》という人物の言説を例にして論じた文章を三点、以下にまず引用いたしたい。そのタッチで本書全編貫ぬかれている。

「戦争への道」——ありがちな感情論

平成二十七（二〇一五）年、安保関連法案を戦争法案と称しての、朝日・毎日らの反対論は狂気そのものであった。その昔、この眼でしかと見た、六十年安保（昭和三十五年）の際の反対論紙面作りと似ている。

そのため、老生には「この道は、いつか来た道」という既視感がある。ところが、朝・毎ら反対論者は、まったく違う意味で「この道は、いつか来た道」と歌う。

その〈道〉とは、「戦争への道」という妄想であり、実体はない。そこで、その雰囲気を漂わすため、さまざまな愚者に情緒的な〈この道反対〉を言わせる。例えば、作家の瀬戸内寂聴。僧侶としての法話中、「法案を通したら今度は戦争。……こんなに悪い日本（と感じたこと）は93年生きてきてなかった」と言ったと（毎日新聞七月二十日付）。

同じく女性ジャーナリストの堤未果は、こう述べる。格差社会では、徴兵制にしなくとも、志願兵はいくらでもいる。貧困から抜け出すために応じるからで、いわば経済的徴兵制になる、と（同紙夕刊七月二十三日付）。

この種《て》の感情論を、それこそ毎日読まされると、人の好い読者の多くは動揺することとなるだろう。もちろん、それを狙った意図的編集である。

しかし、左筋ジャーナリズムのこうした感情論は誤まっている。なぜなら、現代の国家や国民の意味、またその両者の関係が全く分っていないからだ。

例えば、近ごろ、立憲主義とやらのことばを有り難がっている連中がおり、「国民が国家（公務員等を含め）に勝手なことをさせないように縛りを掛けた内容や表現が憲法だ」などと称しているが、それはフランス革命に始まる一つの考えかたにすぎない。

国家とは、宗教（西欧なら例えばカトリック）や王侯貴族のものではなくて、国民のものであるという〈国民国家〉観を持っている国家が近・現代国家なのであり、それぞれ自国にふさわしい憲法を作り、それに基づいてそれぞれなりに国家運営をしている。当然、国民自身が自国の憲法を遵守すべきなのである。

すると、国家は国民のものであるから、国家は、同国民自身が運営し守らなければならないことになる。すなわち、国民国家である以上、自国の防衛として徴兵制が原則である。前近代の王侯貴族国家のときは、税としての徴兵、あるいは生活のための志願兵であった。

〈徴兵〉と言っても、王侯貴族国家のそれと国民国家のそれとは決定的に異なる。そのことを知らず（いや、隠してか）、瀬戸内某・堤某らは、感情論を沸かしている。

感情論と言えば、同志社大学大学院教授の浜矩子もそうだ。四百字詰原稿用紙で五枚分も使って、安保関連法案の衆院通過をただ否定するだけであって、何の論証もない（同紙七月十八日付）。例えば「口をへの字にかみ締めた与党議員たちが、うつろなまなざしとともに賛意表明で起立する」と。しかし、狭いテレビ画面上の、しかもあの短いシーンで全員の口や目までそんなに細かく分るのですか。大妄想。ふと見ると、同稿とともに浜某の顔写真がある。なんと口をへの字。お美事《みごと》、良きお手本じゃのう。

根源的な重要なことには触れず（いや、分らずか）、チョコッと調べたことを得々と吹聴するのは、三流の研究者によくある。例えば、京都大学の永井和《かず》（京都大学教授を経て、現在、京都橘大学教授。専攻は歴史学〈日本近現代史〉）。旧日本軍が慰安所の設置管理に関与していた文書を発見したと騒ぐ（朝日新聞七月二日付）。

しかし、いわゆる慰安婦問題の最大問題点は、強制連行の有無である。公娼制が存在していた時代に、軍がどのようにあえて慰安婦を強制連行したのかという点を立証してこそ、一流の学者なのである。それができていない。

問題の核心が分らず、ただ読書やことば遊びをしている連中は、その間に大切なものを見失っていることに気がつかないでいる。

羊飼い二人（臧《ぞう》・穀《こく》）の羊が行方不明になった。その件について、古人曰く、臧（人名）にいかなる事ぞと問へば、則ち筴《ふだ》（木・竹簡仕立の本）を〔指に〕挾みて読書しをれば〔知らぬ〕なり、と。穀（人名）にいかなる事ぞと問へば、則ち博塞《はくさい》（すごろく）〔を〕以《もっ》て（使って）遊びをれば〔知らぬ〕なり、と。

〔臧《ぞう》・穀《こく》二人の羊飼いの羊が行方不明となったとき〕
臧にいかなる事ぞと問へば、
則《すなわ》ち筴《ふだ》を〔指で〕挾みて読書しをればなり、と。
穀にいかなる事ぞと問へば、
則ち博塞《はくさい》以《もっ》て遊びをればなり、と。

『荘子』駢拇《へんぼ》

国民国家に対する誤解

浜矩子「〈愛国と反戦、国民と国家〉この二つの重要な関係」（平成二十六年八月十六日付毎日新聞）を読んだ。

導入に川柳を引き「斜にかまえつつ、しかしながら正面切って」と褒める。しかし、「斜に構える」とは、本来、剣道において積極的に打ち込もうと身構える緊迫した姿勢を表す。それはしばらく措《お》くとして、問題は国民国家の在りかたで、こう述べる。「国民国家において、国家は国民のために働く装置だ。主体はあくまでも国民だ。かりそめにも、国家のために国民がいるなどと考えてはならない」と。

すなわち国民国家においては国家よりも国民が上位とする上下関係を主張している。それは正しいのか。

昔、古代・中世における土地は、王の領土、貴族の領地であり、民は納税の一種あるいは雇用先の一つとして兵卒となり、王侯貴族の土地を守った。

しかし近代となって、民は選挙（民主主義）によって、土地を自分たちの領土として、国会を通した運営を行い、国家の存在を自覚するに至る。国民による国家運営——ここから国民国家が始まった。

こうした国民国家の場合、国民と国家との間は上下関係ではなく、一体化された運命共同体と称すべきものである。だからこそ、そこに愛国心それもナショナリズムが必然的に生じる。

次いで、国民はみずから運営する国家の維持のため、外敵に備えて当然に国防軍を持つ。そこで男女ともに徴兵制あるいは志願制となるが、どうするかは国民が決める（基本的には徴兵制）。もちろん、その補助として他国との軍事同盟や傭兵《ようへい》制（外人部隊）の設置などがある。徴兵の場合、宗教上の理由などをもって拒否する者は、危険で辛《つら》い公的労働に従事することを義務づける国家もある。

以上が近代国家である国民国家の本質である。

さて、浜《はま》稿は安倍晋三首相の広島での式辞に対して「国民が追い出された。代わって、国家が主体の座に座った。これは実に恐ろしいことだ。……ルール違反」と批判する。しかしそれは、国民と国家とを上下関係とするルールを勝手に作っているからである。安倍政権を否定したければ「恐ろしい」と震えているのではなくて、必要とあれば選挙によって否定できる道があるではないか、国民国家においては。それが国民主権の最高の表現となるのである。主権は多数決による意思の表示であり、国民個人の好き嫌いを示すものではない。

一方「国民には、国家が自分のために何をしてくれるかを、常に問いかけ続ける当然の権利がある」と言うに至っては、自分が国家を構成し運営しているという国民国家意識が見えず、国家は、われわれをもっと世話して下さい、もっとお金を下さい、もっと遊ばせて下さい……というお上《かみ》へのぶらさがり、〈まさに日本的〉な、古代・中世意識そのものである。

また「愛国とは反戦の誓いだ」と突如述べるが、一般性はない。愛国だからこそ戦うのが国民国家における、まともな国民である。

右の引用文で分るように、浜某の発言は迂遠《うえん》な感傷だけであって、現実性はない。

古人曰く、能《よ》く百歩の外を見るも、自らは〔自分の〕その睫《まつげ》をも見る能《あた》はず、と。

臣愚、智の目の如きを患《うれ》ふるなり。
能《よ》く百歩の外を見るも、
自ら其《そ》の睫《まつげ》を見ること能《あた》はず。

『韓非子』喩老《ゆろう》

反安倍なら何でも許されるのか

老生、書店に寄ると、一時間は立ち読み。今回、浜矩子『どアホノミクスの『女性活躍』に騙されるな！』（サンデー毎日平成二十九年一月八・十五日合併号）には驚いた。
原稿表題中の、人を笑わせようとした「アホノミクス」は、浜某の造語らしい。それに編集部が「ど」を加えたのかもしれない。

それはともかく、「どアホノミクス」という表現には品《ひん》がない。もちろん、表現の自由があるからそれは勝手。だが、品のない表現でも、巧まざるユーモアが漂ってこそ笑いを取り、みなを楽しましてくれる。しかし、「どアホノミクス」ということばには、笑いがない。下手な喧嘩を売っている姿だけ。「アベノミクス」と「アホノミクス」とを重ねた駄洒落《だじゃれ》では練度が低い。いや、あえて言えば、笑いのセンスがない。それは物事の表面しか理解できていないことを示している。

事実、浜某の所説は、安倍政権の施策に対する単純な全面否定だけであって、ではどうするのかという己《おの》れが考え出した具体的提言がない。政権の施策に対する建設的批判ではなく、単なる否定では、それこそいつか来た道を想い出させる。すなわち落ちぶれた旧社会党（現在の社民党）のなんでも反対路線。それを裏返せば、無能ということ。

浜某は、安倍政権は「大日本帝国に立ち戻るという大方針に従っている」と明言している。これに対し、サンデー毎日の記者が大日本帝国とは大げさな比喩《ひゆ》表現ではないかと心配気《げ》に問うているが、浜某は「微塵《みじん》もそうではありません」と断言している。

その根拠はと言えば、「安倍首相が『戦後レジームから脱却する』と言っている以上、それは戦前に戻ることを意味するとしか解釈できません。戦前とはすなわち大日本帝国となる」と答えている。

老生、これほど単純な頭の構造の大学教員がいることが信じられない。「戦後レジームからの脱却」が、なぜ即戦前体制化となるのか。歴史は時間の経過に由《よ》る変化を必然的に与える。安倍首相は、現状から、戦後に加えられた悪しきものを取り除きたいと主張しているのである。あくまでも歴史的現在に立脚しているのであって、大日本帝国復帰などそれこそ〈微塵も〉企図《きと》していない。

大日本帝国——それは大日本帝国憲法（いわゆる明治憲法）に基づく体制である。となると、天皇は「立法権ヲ行フ」・「陸海軍ヲ統帥《とうすい》ス」・「戦ヲ宣シ」、そして「日本臣民ハ……兵役ノ義務ヲ有ス」、また「貴族院」を作り「華族」を置くこととなる。そうなることを安倍首相が企図しているということを、実証的に論理的に説明してみよ。できるのか。できないではないか。

つまり、浜某の立場は、己れの思いこみという、単純な個人的感情表白にすぎず、そこに論理性がまったくない。

そのことをなんと自分自身がはっきりと言っているのである。すなわち「なぜ安倍政権の『女性活躍推進法』はダメかというと、動機が不純だからです」と。

動機——倫理学上の「動機」という意味で浜某が使っているわけではない。ごく単純に「原因」といった意味で使っている。

仮にそれがどちらの意味であろうと、動機は、本人以外、だれも明白にし確定することなどできないではないか。そんなことは、若者風に「君の名は」流に言えば、〈前前前前前世紀から〉分っている。

にもかかわらず、動機が不純と断ずる。これはもう〈論〉ではなくて〈感情〉であり、井戸端会議でのペチャクチャ噂話の域。

安倍首相の所論を確めることもなく、動機を勝手に特定しての噂話の散蒔《ばらま》き。こんなレベルの低い者が、学生に徹底的に論理性を鍛える大学教授を勤めることができるのが不思議である。もっとも、さしたる学識も見識もない教員に限って大話《おおばなし》をしたがるものである。

古人曰く、狂夫《きようふ》（独り善がりの者）の楽しみは、智者 哀しむ。愚者の笑ふ所は、賢者察《しら》ぶ（詳しく明らかにし批判する）、と。

＊史記が依った『戦国策』趙策にこの文はない。『商君書』更法篇に似た文がある。

狂夫《きょうふ》の楽しみは、智者〔それを〕哀しむ。
愚者の笑ふ所は、賢者〔それを〕察《しら》ぶ。
『史記』趙世家

という風に、実名を出しての厳しい論評。老生、現役を引退してはや二十年。さりながら、論は論、しっかり受け答えすることが研究者の在りかた、という昔取った杵柄《きねづか》のままに論評している。老生に叩かれたと泣き言を垂れるな。無視されるよりはましと思え。

その論評の際、相手に二つの流れが見える。一つは、あれこれ述べる、あるいは論じるのはいいけれども、結論がないものが多い。仮にあったとしても、「みんなで考えましょう」とか、「これは大きな問題である」とか、一般論で文を結ぶ型が多い。これは自信や自説がないということ。

いま一つは、論と称しながら、論はなにもなくて、ただキャアキャア感情だけをぶつけ、己れの中身はなにもないのに正義の味方を気取っている型も多い。

世の〈論〉なるもの、この二つの流れに在る言説がほとんど。しかも、なんの取り柄もない内容がほとんど。この種《て》のものは、無視するのが最上ではあるものの、その〈エエ格《かっ》好《こ》しい〉を揺《いたぶ》るのは楽しい。老生のような小人、意地悪者にとって、絶好の獲物じゃ。しかも、その種《て》の材料に事欠かぬわ。となると、本書は〈悪口オンパレード〉にすぎぬことになるが、それだけの悪口を吐くには、それだけの理由がある。

老生、六十年前、京都大学の学生であったが、当時の京大には、マルクス主義を神のごとく押《お》し戴《いただ》く学生が多かった。もちろん、教員の中にも相当にいた。

老生、彼らマルクスボーイ（ガールいやギャルもいたな）の単純さを徹底的に馬鹿にした。老生が回りから保守反動と言われるようになったは、そのあたり、すなわち二十歳ごろからである。以来、老生に対する保守反動の罵声を屁とも思わず生きてきた。

彼らの言っていたことは、要するに、彼らにとっての祖国、例えばソ連（これは今は解体して中心部はロシアと称している）を理想国家として崇《あが》め、日本をそのような形の国家にしたい、すなわち共産主義国家にしたいということに尽きた。

しかし、この地球上において、共産主義国家として成功したものは一つもない。後にマルクスボーイどもは、共産主義に由る理想国家建設への努力という方針が崩れていったことを自分の眼でまざまざと見ることとなった。

理想国家作りの夢破れた左筋の連中は、目的、着地点がなくなり、今や、保守政権が繰り出す政策に対して、とにかくなんでもかんでも反対と言うしか生きる道がなくなってきている。老生の学生時代の流行語をもじって言えば、〈主体性の崩壊〉よ。

しかし、こうした〈何でも反対〉ということを言っていると、必ず従来の在りかたと食い違いが出てくる。結果、自分自身、矛盾したことを言うようになる。

例えば、国会で証人喚問があるとする。さて、証人が議員の質問に対して「刑事訴追の虞《おそ》れがあるので、答えることを控える」と返答したとき、「逃げた」とか、「納得できない」とか、「良心があるのか」と指弾している。

しかし、憲法第三八条に「何人も、自己に不利益な供述を強要されない」とあり、これが黙秘権の根拠となっている。

すなわち、「刑事訴追の……」は、黙秘権の行使であり、それを非難し否定することは、憲法の否定ということだ。つまり、国会における野党の態度は、己れたちが護憲と言っているその憲法に違反するという、まさに矛盾の中にある。

こういうご都合主義を自覚せず、つまりは矛盾に気づかず、その場その場での正義の旗を掲げている。かつては元気だった左筋の成れの果《はて》である。

そうした彼らの愚説愚論を、以下、山ほど引いて御高覧に供したい。読者諸公よ、他人についての悪口を聞くのは楽しいことでござるぞ。左筋の連中が、いかにご都合主義であるか、いかに頭が悪いか、はたまた空っぽであることかということを、じっくりお示ししたしたい。

平成三十年四月十日

孤剣楼　加地　伸行

第1章

教育

——行ひて余力あらば、即ち以て文を学べ。

高等教育は不平等に

今年も穏やかな正月——しかしながら、老生、近ごろ夢を見ることが多くなった。おそらく昼間に身体を動かすことが少なくなり、熟睡できなくなってきているからであろう。身体が鈍《なま》っている。

さりながら、夢はおもしろい。夢の中であれこれと思っている感じ。その多くは、昔はああだったという感傷ではあるが。

それも自分が教員であったので、学校についての夢を見ることが多い。もちろん、老生にはもう将来はないからであろう、将来への夢ではなく、過去についての夢だ。

もっとも、夢は夢、現実性はないのであるが、今では学校から消え、しかし、知る人ぞ知る、過去の学校における〈柱〉であったものについて、いささか述べてみたい。

その昔、大学に入学したとき、どこへ行っても聞かされたことばは、「大学は研究と教育とを担《にな》う」であった。これが大学の柱。

しかし今や、大半の大学は「教育を担う」である。〈研究〉は学生と関わりがなくなってきている。

では、学生の研究はどこで行うかと言えば、大学院でと言う。そういう環境となってきているので、大半の大学の教員は〈教育〉が中心となってきている。

その結果、大学院大学（大学院が主で、学部はその従）の教員は、〈研究と教育と〉の両方を担うことになっていっている。

すなわち、大学には二種類あり、大学院大学では教員・学生ともに〈研究と教育と〉、大学だけのところでは、〈教育〉一色。もちろん、数から言えば、大学院大学は少数で、大学が大多数である。

これは、劇的な大変化である。しかし、現実には両者の区別がなされていない。そのため、高校における教科編成やその内容水準等は、なんと、少数である大学院大学（これは昔の大学）に対応する形となっている。多数である大学への対応となっていないのである。高校教科書は前者向きで程度が高い。後者向きの教科書は少なく、結局は前者向きの教科書を使う。すると、一般生徒には履修が難しい。理解できない、分らない、おもしろくない、スマートフォンが楽しい……となってゆく。当然である。

現在の高校の前身は、〔旧制〕中学校であり、これは上級学校（旧制高校や専門学校など）への進学のコースであり、当然、学習内容の程度が高かった。〈教養中心〉と言っていい。にもかかわらず、それを新制高校（現行）全体に及ぼし、今日に至っている。つまり、少数の者が進学するかつての特殊コース（教養中心コース）を一般化してしまったのである。となると、現在の大半の高校における学習内容の水準が高すぎる。これでは、理解できない生徒が多数となるのは当然だ。

今日の高校においてさまざまな難問が生じる原因の一つは、理解できない水準の教育内容を与えているところにある。もちろん、その欠陥は中学校の履修内容にも関わってくる。要は、中・高ともに教養主義的な難解なことを教えすぎという欠陥があるということだ。

教育は、難解なことや大量の知識を教え詰めこむことが目的ではない。本当に大切なことで、かつ必要最小限をしっかり教えて身につけさせることでいい。難しげな内容は、大学院大学進学希望者を対象にすればいい。すなわち、学生・生徒の希望によってコースをはっきりと分けることである。もちろん乗り入れはいつでも変更できるようにする。

日本人の大好きな日本国憲法第二六条はこう述べる。「すべて国民は……その能力に応じて、ひとしく教育を受ける権利を有する」と。「その能力に応じて」とは名台詞《せりふ》。このことばを守るべきである。「その能力に応じることなく」難関中・高・大をめざすのは、皆さんの大好きな憲法に違反するのではありませんかな。

教員は、学ぶ相手の能力に応じて、その質問に答えるのが古今東西の鉄則。

古人曰く、これ（鐘・教員）を叩《たた》く（問う）に、小《しよう》なる者《もの》を以《もつ》てすれば、則《すなわ》ち小さく鳴り、大なる者を以てすれば、則ち大きく鳴る、と。
＊勝海舟の『氷川《ひかわ》清話』の人物評論中、西郷隆盛について「少しく叩けば少しく響き、大きく叩けば大きく響く」と評しているので、勝海舟のことばとして紹介されることが多いが、それは誤解。海舟の引用文。

〔弟子が〕これを叩く（教員に質問する）に、
小なる者を以てすれば、則ち小さく鳴り、
大なる者を以てすれば、則ち大きく鳴る。
『礼記』学記

奨学金は能力に応じてだ——澤地久枝の言説

老生、もちろん無職無芸、欠伸《あくび》の日々だが、相い変わらず根性悪《わる》で、何を見ても、何を読んでも、フンと嗤《わら》う日々。近くは、ノンフィクション作家とやらの澤地久枝「後戻りする最後の機会」(毎日新聞夕刊平成二十八年六月十六日付)には心から嗤った。

この澤地某には一つの記憶がある。その昔、日時は忘れたが、文藝春秋社編集部の某(氏名を失念)から漢文屋の老生に電話があった。澤地某がモンゴルあたりを旅行したとき、珍しい古書を発見し昂奮して購入して帰った。その書について教えてほしい、と来た。現物も見せずに、一手《いって》、御教授とは恐れいったが、若造編集者なので大目に見、どんな本か、撰者《せんじゃ》と書名とをまず言えと答えた。するとなんとこう言った、諸葛孔明の易の本です、と。老生、即答した、真っ赤な偽物、と。

いくら学がないと言っても、それで作家とは悲しいなあ。本の表紙にただ「諸葛孔明」とあるだけで、本物かと反応して買う無邪気さ——その感覚は、今もって変わらぬと感じたのが、前引の毎日新聞紙上の澤地某へのインタビュー記事。すなわち日本国憲法の条文はこれこそ〈絶対善の本物〉と反応してそう思いこみ、その条文通りに生きるのが正しいとする観念論を撒き散らしている。もちろん、論理はないので、感情、喚情、癇《かん》情……だけである。

例えば、経済的理由で子を進学させられない。奨学金という名の教育ローンを利用して大学に行けば、卒業時には何百万円もの借金を抱えてしまうと称し、憲法二六条「ひとしく教育を受ける権利を有する」という条文が政治(安倍政権を指す)によって裏切られている、と言う。

この話、大嘘《おおうそ》。もっともらしく聞こえるが。右の憲法引用文に対し、担当毎日新聞記者が追記したと思われるが、二六条が全引されている。そこに確《しか》とこうあるではないか。「その能力に応じて、ひとしく教育を……」と。

その能力に応じて——なのである。奨学金には無利子と有利子との両種がある。成績優秀な学生は、審査を通じて無利子の奨学金を受けている。凡くら学生は落選。

ここである。ポイントは。国家としては、奨学金決定において、優秀であるが貧しい学生を優遇するのは当然である。奨学金とは本来そういうものなのであって、〈その能力に応じて〉の決定が正しい。

成績が優秀でもないのに大学に進学すること自体に、むしろ問題があるが、その点は措《お》くとしても、無利子奨学金を得られないとすれば、有利子奨学金などを借りるべきではない。アルバイトして自力で費用を作り出せ。

老生、敢えて奨学生を希望せず、大学時代の四年間、週に二乃至《ないし》三箇所の家庭教師をした。ほとんど毎日だった。貧しかったからである。そして空《あ》いている時間には、必死で猛勉強した。服装も高校時代の詰め襟を着続けた。そのため、袖口は擦《す》り切れ割れていた。教え子に紙に鉛筆で書いて説明していたとき、教え子がその割れ口をじっと見ていたのを覚えている。

さらに澤地某の噴飯ものの意見はこうだ。憲法二五条「すべて国民は、健康で文化的な最低限度の生活を営む権利を有する」とあるが、〈現実は「貧困率は高まるばかり。特に子どもの貧困は深刻です」と顔を曇らせる〉と来た。それ、正気で言っているのか。

古今東西、貧困者が存在するのがふつうなのである。ただ、貧困の質や貧困者の比率が異なるだけ。人間の全史、地球全域において貧困をなくした実在国家があれば、その名を挙げてみよ。できないではないか。

貧困者に対する現日本政治は、世界的に見て健闘している。もちろん完全ではないが。歴史上、今後も貧困は絶対になくならない。相対的比率、程度の問題があるからだ。また、貧困者自身にも問題があることが多く、貧困解決は永遠の難問なのである。そのようなことを心得ず、よく作家が務まるものだ。世界史を知らず、かつ人間観が浅薄極まりない。もっと歴史を勉強してから、ものを言え。

古人曰く、盗みて富む者《もの》有るも、富者《ふしゃ》未《いま》だ必ずしも盗まず。廉《れん》（高潔）にして貧しき者有るも、貧者《ひんじゃ》未だ必ずしも廉ならず、と。

盗みて富む者有るも、
富者《ふしゃ》　未《いま》だ必ずしも盗まず。
廉《れん》にして貧しき者有るも、
貧者《ひんじゃ》　未だ必ずしも廉ならず。

『淮南子《えなんじ》』説林訓

「国歌・国旗拒否」教員は幼稚園に学べ ――浅井基文の言説

幼稚園児の孫の卒園式に出席した。ジジ馬鹿丸出しである。

式典が進行し、ハイライトの在園児送辞、卒園児答辞となる。もういけません。眼頭が熱くなってきました。鬼の眼にも涙。そして終盤に、園児全員の斉唱がはじまった。スクリーンにさまざまな情景が次々と映るなか、「思い出のアルバム」の歌声が流れる。

この唱歌、老生、大好きである。「いつのことだか、思いだしてごらん。あんなこと、こんなこと、あったでしょう」にはじまり、「春のことです……夏のことです……」と歌い継ぎ、最後に心を揺さぶる名句が現れる。「もうすぐ、みんなは一年生」――涙があふれた。希望に輝く彼らの門出を祝わずにおれようか。

幼稚園には教育の原点がある。いや、人生の原点があると言っていい。この子たちは、これから人生を自分の力で切り開いてゆくことになるが、それを大きく受け止めて協力するのが、われわれ大人の役目である。

全国の新小学校一年生の中から、将来、天下の大秀才が、他者の幸福のために生きる逸材が、高い志を抱いた教養人が登場することであろう。頼もしいかぎりである。

それに比べて、教員にはお粗末なのがいる。例えば大阪の門真市立第三中学校の教員ども。平成二十（二〇〇八）年の同校卒業式において、国旗に対して起立表敬をせず、国歌も唱和しなかった。理由は自分の良心に反するからだと。彼らの煽動《せんどう》があったのだろう、生徒も起立しなかった。一人をのぞいて。

彼らの愚劣な行為の中で、たった一人起立した生徒はお美事《みごと》。

そして翌年、なんと教員も生徒も全員が起立したと伝えられている。

おかしいではないか。去年、起立しなかった教員は処分を受けたとのことであるが、それが怖くて今年は起立したのか。己れの良心に反するから起立しなかったと言うのであるならば、今年も起立すべきではない。

なぜなら、良心は法律よりも上だからである。たとい処分を何度受けようとも、信念を持ってそれを貫ぬき、良心に従って生きるべきである。

ところが処分が怖くて起立したと言うのならば、その良心など口先だけの、吹けば飛ぶような代物ではないか。

大学の教員にもおかしなのがいる。例えば浅井基文（元外交官、政治学者、元明治学院大学国際学部教授、元広島市立大学広島平和研究所所長）なる者が毎日新聞平成二十一年三月十日付「新聞時評」にこう書いていた。「特に毎日、朝日は、他の全国紙に比べ公正性、中立性が高いと見られている」と。

思わず嗤《わら》ってしまった。毎日、朝日と言えば、左翼的であることは周知の事実。それを「公正性、中立性が高い」とは、見識のかけらもない。こういうのを朝日や毎日のチンドン屋と言う。

学校の種類を問わず、この種《て》の教員はいくらでもいる。教員として劣化しているわけである。彼らは教育を職業とする以上、研修させる必要がある。

では、何を研修させればよいかと言えば、教育のこころ、教育の原点であろう。人の子を教えるのなら、人間や社会や世界をまともに見ることができるように研修させねばなるまい。その研修の場としては幼稚園が最善。そこには教育のこころや原点すなわち教育の根本がある。幼稚園へ行ってしっかり学べ。

古人曰く、本《もと》立ちて道生《みちしよう》ず、と。

君子は本《もと》を努《つと》む。本立ちて道生ず。
孝《こう》（父母に孝行）弟《てい》（年長者を大切にすること）なる者は
其《そ》れ仁《じん》（愛）の本《もと》たるか。

『論語』学而

フェミニストに欠ける「知恵」——樋口恵子の言説

歳末である。日本人の習慣で御用納《ごようおさ》めは掃除、ということであろう、街頭ではビルの前の道路を何人か女子社員が箒《ほうき》で掃除している。

しかし、それを見てすぐ分った。このお嬢さんたち、多分、家では箒を使って掃除したことなんかないことが。もっとも、近ごろは電気掃除機だから、本人に罪はない。

見ていると、女子社員たち、箒を力まかせに掃くものだから、枯れ葉をうまく寄せられないでいる。それだめ。

老生、子どものころ、「ほうき　ほさき、つえ　てもと」と習ったものだ。

箒はその穂先きに力を入れて掃き寄せるのがコツ。お嬢さんたちのように箒の穂の腰のところを曲げて強く掃いてはだめという教えである。

確かに、箒は穂先きで軽くさっさっと掃けば、よく掃き寄せられる。濡れ落ち葉だって掃き寄せられるのである。

戦闘的女性評論家の樋口恵子（東京家政大学名誉教授）は、定年退職後の男性を濡れ落ち葉に喩《たと》え、奥さんにべったりくっついていてだめだと評したが、あの女性評論家、多分、箒なんて持ったことないのだろう。

そうそう、「つえてもと」とは「杖手元《つえてもと》」のこと。箒を使うときの知恵の逆で、杖のときは、持つ手元をしっかりと握れという知恵だ。杖は先端よりも把《と》っ手のほうが大事。

こういう知恵は、子どものころ、なんとなく親や大人から学んだが、国語の時間でも学んだ。小学校教科書に、自然科学者の寺田寅彦《とらひこ》の文章が出ていて、そこから「きもと　たけうら」という知恵を教えられ、今も覚えている。

昔は、木や竹を割ることが家事の一つであった。木は薪《たきぎ》に、竹は細工物《さいくもの》に使っていたからである。

木は適当な長さに切ってから立てて、斧《おの》で割るが、そのときの立てかたにおいて、木のもと、すなわち根元側のほう（形で分る）を上にする。するとパンと割れる。

竹のときは、その逆で、竹の先端側のほう（「うら」あるいは「うれ」と言う）を上にする。バリッと割れる。それが「竹を割ったような気性《きしょう》」という形容ともなったのだろう。

このような生活体験的知恵は、機械化の進むなかで、急速に消えていっている。もちろんそれに替わる知恵は出てくる。例えば、パソコンを使うときの裏技などというものがそれに当たるのかもしれない。

しかし、それは知恵と言うよりも知識であろう。知恵の場合、まずことばにリズムがあり、覚えやすく、歌うような感じで心をつかむ。

「ほうき　ほさき、つえ　てもと」――どことなく語呂《ごろ》もいい。「きもと　たけうら」もそうだ。また中身も対照的で覚えやすい。

学校制度が普及する以前、人々はまず実務に入った。実務の世界は経験・知恵がものを言う。そのような生活を経てから学問・知識を求めても遅くない。

ところが、今は知識の勉強ばかりするため、頭でっかちになる。しかもそれで一人前になったつもりとなるから、知恵は、からきしない、頼りない卒業生の山。

今日の小学校から大学に至るまで、まずは合宿や生活体験、農作業や林業の手伝い……といったことを教育課程の中に据えなくては、空学問《からがくもん》に終わる。

古人曰く、行ひて余力あらば、即ち以て文（学問）を学べ、と。

汎《ひろ》く衆を愛して仁に親しみ、
行ひて余力あらば、即ち以て文を学べ。

『論語』学而

大学の権威を地に墜とした活動家

老生、大学を卒業したのが昭和三十五年。遠い昔のことである。にもかかわらず、その年のことを鮮明に覚えている。すなわち西暦で言えば一九六〇年、いわゆる六十年安保の年であった。その年の六月十九日に改定安保条約が成立するため、それを妨害し阻止しようという政治運動が全国的に展開されていた。だからその年の三月から五月にかけての日々は、騒乱状態となっている感じのところがあった。ただし大都会において。

そのころ、大学生に依る学生運動（もちろん政治運動）が、社会において相当の〈権威〉があった。

その大きな理由は、当時、大学へは同年代の八パーセントぐらいの進学率であり、今日と異なり、大学生はいい意味での〈エリート〉であり、一般社会は大学生に対して敬意を表していたからである。もちろん、それは明治以来の大学生の歴史。だから、その学生が起こす運動には、しぜんと権威が生まれていた。

しかし、今となって思い起こせば、はなはだインチキな権威であった。と言うのは、学生運動を煽動していた連中は、主として共産主義運動家であり、学生の身分を利用して共産主義革命の実現を目的としていたにすぎなかったからである。

彼らの祖国は日本ではなくて、ソ連（現在のロシアなど）であり、中華人民共和国などであった。だから、例えばソ連のためなら、なんでもする連中であった。

それを最もよく表すことばこそ「米帝」すなわち「アメリカ帝国主義」であった。それは、〈発達した資本主義国は帝国主義的立場で世界を侵略する段階に至る〉という理屈――アメリカと争っていたソ連が自分を守るために創作した、もっともらしい煽動句にすぎなかったのに、日本の甘っちょろい、共産主義かぶれの学生は本気でそれを信じた。米帝打倒――それを日本政府に当てる。すなわち日本政府は米帝の傀儡《かいらい》政権として。

ところが、珍妙な事件が起こる。中ソ論争である。スターリン批判（一九五六年）を原点にして、ソ連共産党と中国共産党とが革命路線をめぐって対立、両者の論争がはじまる。

やがては、なんと中国側がソ連を帝国主義と罵倒するに至る。ソ連は社会主義（共産主義）国家であり、資本主義国でないのであるが、極めつけて、「社会帝国主義」（社会主義を国是とする帝国主義国家）と呼んだ。

するとと、中国にとっては、アメリカも帝国主義、ソ連（今は解体して存在しないが）も帝国主義ということになる。

こうなると、その国が資本主義国であろうと社会主義国であろうと関係なく、中国に敵対し中国に損害を与える国家は、すべて帝国主義と極めつけるだけのこと。いわば、単なる悪口にすぎないことになる。当然、「帝国主義」ということばは、なんの思想的意味もない、単なる〈侵略〉と同じレベルとなってしまった。

今日、アジア地域において、侵略行為を行っているのは中国である。正確に言えば、「中国のみである」。つまり中国流に言えば、帝国主義である。

中国は、中華、中華と気取っているから、「中華帝国主義」と命名しよう。アメリカ帝国主義、社会帝国主義、そして中華帝国主義の現在である。だからこそ、中国はいま平然と海洋を侵略しているのである。そういう国が日本を指して軍国主義化しつつあると、まあよくも言えたものである。中華帝国主義は、当然に明確な軍国主義である。

帝国主義・軍国主義の目的はただ一つ、すなわち利権である。それはちょうど餌・獲物を見つけるとなりふり構わず漁《あさ》る鳥の姿みたいなもの。そのくせ、自分にとって具合が悪いことが起こると、さっと飛んで逃げてしまって、どこかに消えてしまう。古人曰く、其れ敵を見れば、則ち利を逐《お》ふこと鳥の集《あつま》りのごとし。其れ困敗《こんぱい》すれば、則ち瓦解雲散《がかいうんさん》す、と。

其れ敵を見れば、則ち利を逐《お》ふこと、鳥の集りのごとし。
其れ困敗《こんぱい》すれば、則ち瓦解雲散《がかいうんさん》す。

『史記』匈奴《きょうど》列伝

左翼大学教員——わけ知り顔に言うのは楽

世の中、不景気。節約、節約。という話のはずなのに、五月の連休中、人出は多かった。いったいどうなっているんだろう。

こちらはカネもヒマもないので、連休中は生け垣の剪定《せんてい》とあいなった。幸い娘婿が手伝ってくれたので助かったものの、毎年、手を焼くのが樫《かし》の木。

「栂《つが》の木の、いやつぎつぎに天《あめ》の下《した》しろしめししを……」ではなくて、「樫の木の、いやつぎつぎ……」で、葉の茂《しげ》ること、繁《しげ》ること、生命力に溢《あふ》れている。

植物など切ればおしまいなどと思っては大誤り。植物は切られても静かに復活をとげる。弱そうで実は強い。しかも反抗する。木末《こずえ》を切って上へ伸びるのを防ぐと、幹が太くなり図太い形となる。逆に、優しく木末の繁茂を認める剪定をするとつけあがる。すなわち中間あたりから下の葉はしだいにまばらとなってきて頭でっかちとなり、不格好。

思わず罵声を浴びせても、相手は木だからものを言わない。しかし、木々は私の文句に対して黙ってやりかえしている。『老子』の「言《もの》わざるの教《おしえ》」というところか。

このように、植物相手でも大変なのであるから、まして人間相手では気合が必要。どういう風の吹き回しか知らないが、大阪の学者・研究者先生たちの「暮らしと平和を守る」というパンフレットが私に送られてきた。

読んでみると、ま、夢のような話がいっぱい書いてあり、それを実現しようというわけである。

例えば「私立大学の経常費の五〇％を国が補助せよ」とある。なるほどそうなると経営は楽になるだろう。しかしそれでは第二国立大学（独立行政法人）になってしまうではないか。国立大学とは異なることをしてこそ私立大学の意義がある。私がいま関わっている立命館大学において、この四月から他大学にはない特色ある講義が開講された。立命館大学が生んだ大学者、白川静《しらかわしずか》先生の学問すなわち白川学の講義（オムニバス方式）である。

世の中、カネを出して口を出さないということはありえない。もし文科省から五〇％もの補助を受ければ、それ相応の規制がなされるのは目に見えている。それが分っていないお人好《よ》し願望だ、「補助せよ」なんて求めるのは。

かと思うと、こう言う。「ゆきすぎた規制緩和を見直す」と。なんとはじめから文科省に規制してくれと頼んでいるではないか。これでは私立大学の基盤を揺るがすことになってしまう。

また「研究者が自由に使える研究費を十分に保障する」ときた。これ大嘘。研究費というのは、研究のケースごとに違うのであって、自由にとあれば、一億円でも十億円でもとなり、どうしようもなくなる。金額の制限があるのが正常なのであって、それを「自由に使える」などと言うのは、研究とは何なのかが分かっていない者の泣き言でしかない。

もし研究費が足らなければ、已《おの》れの生活費を削ってそれに充てるというのが研究者の心構えである。それは嫌と言うような者は、さっさと研究者への道を断念することだ。研究者となるには、まず覚悟である。わけ知り顔に言うのは楽。愚直に生きるのは難しい。

古人曰く、其の知には及ぶべし。其の愚には及ぶべからず、と。

甯武子《ねいぶし》　邦《くに》に道あるときは、則ち知なり。邦に道なければ則ち愚。其の知には及ぶべし。其の愚には及ぶべからず。

『論語』公冶長《こうやちょう》

わが家の「踏み絵」に思う

平成二十六年四月から消費税が三%上がるという小恐怖感で、わが家も駆け込み需要とあいなった。

その程度の小動機なので、買う物も生活用品。その一つに、大安売りと称するトイレマットを入手し、トイレに敷いたところ、なんと某有名デザイナーの名が織り込まれていた。その織り位置が入り口からちょうど踏み込んだ所に当たるため、その名を踏んでいる！　毎度！

用を足しながら、ふっと思った。踏み絵というのがこれかな、と。私はそのデザイナーとは縁も所縁《ゆかり》もないが、その人の名を踏みつけることには、やや心理的抵抗感がある。

江戸時代、キリスト教を禁教にし、転宗させるため、あるいはキリスト教徒ではないという証明のため、イエスやマリアの像のある鉄板を踏ませたという。それが踏み絵だ。そのことだけを見ると、江戸幕府の厳しい宗教政策という話に終わるが、それだけの話には終わらない。実は人間の思考という、哲学上の大問題がその背後にある。

私は文学部の支那《しな》哲学史（正式名称）専攻出身であるが、哲学科に属していたので、西洋哲学の講義をずいぶん多く受講した。その中で、非常に勉強になり面白かったのは、西洋中世哲学史における最大問題の〈普遍論争〉であった。

普遍論争——この論争、簡単に言えば、こうだ。例えば「人類」と言うと、広く一般的な意味を持つ〈普遍〉である。そこから立場が大きく二つに割れる。一つは、普遍だから〈人類というものそのもの〉が存在するとする。いま一つは、普遍と呼ぶものは単なる名前だけであり、そんなものは実在しない。ただし、人類を構成する太郎や花子という個物は存在するという立場である。

前者を実念論、後者を唯名論《ゆいめい》と言う。この両者が議論を戦わしたのが普遍論争である。

さて、この普遍論争は、いろいろなことを教えてくれる。例えば踏み絵。唯名論者であると、鉄板上のマリアやイエスの像は単なる線と色とに過ぎず、そこに神の子であるイエスもその母のマリアも別に存在するわけではないから踏める。

しかし、実念論者は、そこにマリアやイエスという観念すなわち普遍が存在するとするので踏むことができない。

という話を延長してゆくと「従軍慰安婦」問題につながってくる。

「慰安婦」これは実在する。そこへ「従軍」を足して「従軍慰安婦」ということばを勝手に作り出す（作者は朝日新聞社など）。その観念すなわち普遍は実在するという実念論を展開しているのが韓国である。一方、〈従軍慰安婦〉などという普遍は存在せず、個々の単なる〈慰安婦〉はいろいろな形で存在するという唯名論を主張しているのが、まともな日本人である。

ことば（観念・普遍）があれば実在するのではない。ことばは実（個物）があってこそのその表現なのである。

古人曰く、名（ことば）は、実《じつ》（個物）の賓《ひん》（客）なり（すなわち主人ではない）、と。

名は実《じつ》の賓《ひん》（そえもの）なり。
吾は将《まさ》に賓とならんとするか。

『荘子』逍遥遊《しょうようゆう》

謙虚に他国から学習する日本人の心

大型書店に行くと、中・韓への批判本が山と積まれている。それも新人の著者が多いのに驚く。何冊か買って読んだが、なかなかいいものもある。

この数年、中・韓はわが国に対して下品で非論理的でヒステリックな罵倒や大嘘をくりかえし喚《わめ》いてきた。

古代以来、中国は自分が世界の中心と思い、今もその態度を変えない。一方、朝鮮半島は中国を主人とし、その権威を笠に着る属国根性が今も抜けていない。

しかしわが国は、歴代、外国文化を謙虚に受け入れ、しかも日本化するという努力を続けてきた。その好例を挙げよう。

室町時代あたりから始まったらしいが、江戸時代になり、印刷が行われるようになってから広がった『節用集《せつようしゅう》』(「せっちょうしゅう」とも読む)という字書兼実用百科辞典がある。

もっとも中身は実用的百科事典風であり、いろいろな種類の『節用集』があった。

例えば、私が蔵有する『和漢節用無雙嚢《わかんせつようむそうぶくろ》』は、天明四（一七八四）年、すなわち明治維新より八十四年も前に発行したもの。そのころ、日本では天明大飢饉で大変であり、ヨーロッパではフランス革命（一七八九年）前夜だった。

同書の「書法門」を見ると、三十八丁《ちょう》（ページ）以下に外国の文字について紹介している。例えばインドの場合、サンスクリット語の文字を五十音図を使って構成している。またオランダ語の場合、俳句調の「たけづえに　すが里《り》てつくや　おきなぐさ」ということばの発音に合わせたオランダ語風発音を筆記体で書き（誤まりが多いが）、左から始まる横書きなので「はじめ」「おはり」（正しくは「をはり」）と注意書きまでしている。あるいは「朝鮮国の文字」として、ハングルをいろは歌に乗せて構成しているのである（上図参照）。江戸時代、日本人はすでにハングルを知っていた。朝鮮は日本の仮名を紹介することはおそらくなかったであろうが。

『節用集』という一般向け実用字書に、他国の文化の基である、その国独自の文字を、日本人なら分る五十音図や俳句調やいろは歌で再構成して取り込もうとしているのは、異文化への強い関心。そして飽くなき探求心の姿である。

この例が示すように、幕末から明治の近代化（欧米模倣ではあったが）への転換の基盤すなわち外国文化を受け入れる広やかな心、謙虚な学習心は江戸時代にすでにできあがっていたのである。

これに反して、江戸時代のころ、中・韓は日本の文化や文字についてどれほど学んでいたであろうか。おそらくはほとんどなかったであろう。それは今も続いている。

中・韓に必要なことは、謙虚に他国に学ぶという、人間としての基本である。

古人曰く、植根《しょくこん》　固《かた》からざれば　華葉《かよう》　落ち去り、便《すな》はち枯樹《こじゅ》と為る、と。

植根《しょくこん》（植物の根）固からざれば、華葉《かよう》　落ち去り、
便《すな》はち枯樹《こじゅ》（枯れ木）と為る。

『焦氏易林』蹇卦

日教組と道徳教育と——梅雨に感謝する意味

梅雨の季節である。テレビの天気予報はその様子を細々《こまごま》と伝えているが、気になることばがある。アナウンサーと気象予報士とのやりとりの中で、梅雨を「うっとうしい」とか「じめじめしている」とかと、邪魔者扱い悪者扱いにしている。これはよろしくない。梅雨は邪魔者・悪者どころか、わが国にとって大歓迎すべきものではないのか。

なぜなら、この梅雨によって田植えができ、稲作が可能なのであり、必ず雨が降ってもらわなくてはならないからである。

稲からとれる米は日本人の主食である。米があれば、パンがあろうとなかろうと心配ない。米さえあれば、将来の食糧危機も乗り越えられる。牛・豚・鶏の肉などなくても、マグロやウナギなどがなくても、イワシでいいじゃないか。梅干しがあるじゃないの。

梅雨に加えて、九月上旬の台風による雨は、水力発電の源である。現代では、自然エネルギーの内、水力発電の比重は小さくなってしまっているが、昔は水力発電が中心であった。雨は天の恵みなのである。

この水力発電が盛んであったわけは、わが国が世界でも有数の森林を有し、それが保水し、多くの川流《せんりゅう》を作りだしていたからである。

しかし、そういう自然、すなわち日本列島の位置と雨との関係を忘れてしまっているのが都会人だ。そこから出てくることばが「うっとうしい」であり「じめじめ」である。

話が逆ではないか。梅雨こそ恵みの雨であり、感謝すべきものなのに、「うっとうしい」と非難するのは、都会人が激増し、農村人口が激減しているからである。

であるならば、都会地の学校では、わが国と梅雨との関係を教科の知識として教える一方、感謝するという道徳を身につけさせるのが教育というものではないのか。

英語会話を初等教育に取りこもうとしているが、そんなことよりも、日本人がこの日本列島において生きるとき、四季を貫ぬく心構えを教え、例えば自然への感謝、延《ひ》いては畏怖と敬意とを身につけさせることが教育の在るべき姿ではないのか。ことばを進めて言えば、英語会話教育よりも、広い意味での道徳教育のほうが必要なのである。

と言えば、必ず日教組の連中が道徳教育反対と叫ぶ。価値観は多様であり、押しつけてはならないと。

愚かな話である。彼らは道徳の意味が分っていない。

道徳には絶対的道徳・相対的道徳・修養道徳の三種があるが、それら道徳の中心となっているものは、古今東西を問わず、人の世で必ず心がけねばならない在りかたすなわち絶対的道徳である。例えば、借りたものは必ず返す、約束は守る、不要なゴミはその辺に捨てない……といった日常道徳に始まり、公共道徳に至る。

この道徳教育と一般教科教育との二つがそろって教育が成り立つ。さらに、相対的道徳すなわち価値観によって変わるもの、例えば白より赤がいいという考えかた、感じかたについて議論するのも重要。相対的道徳の場合、どちらか一つがいいと押しつけて教えるわけではない。なお、修養道徳は個人が信奉する道徳（例えば親切）を磨いてゆくことであり、個人の心構えのもの。

梅雨は相対的に考えることによって、その意味を明らかにし、片よった教育を反省させてくれる慈雨だ。

古人曰く、往《ゆ》きて雨に遇《あ》へばこれ吉《きち》、と。

往きて雨に遇《あ》へば　これ吉なり。
『易』睽卦《けいか》

家庭崩壊に対するには道徳教育しかない

著者から著書をいただくことがある。その多くは、私が専門とする中国学関係のものであるが、ときには全く別のテーマのものをいただくことがある。

その中で、読後、ことばを失った本は、藤野絢《あや》氏の『在宅介護の25年』（あっぷる出版社・平成二十六年刊）であった。

先天性脳性麻痺《まひ》の兄を介護した妹の物語である。著者の母堂が四十六年間介護をし、母堂没後に受け継いで二十五年間、併せて七十一年間の介護であった。読了後、世間での介護議論など、いかに空理空論であるかと思った。介護と言えばすぐに施設に始まり、物的社会的支援を議論しがちである。もちろん、それらは充実しなくてはならない。しかし同書を読むとそういうことだけには終わらない。家族の愛が必要なのである。

もちろん、事はそう簡単ではない。著者は介護の実際について詳しく、それも〈明るく〉記述しているが、それを支えたものは、家族への愛、さらには同氏のカトリック信者としての愛である。家族・宗教の重なる愛である。

愛――これを理解するのはなかなか難しいが、他のことばに替えるとなれば、同書中に著者自身が書き記している〈優しさ〉ではないかと思う。

〈優しさ〉は具体的である。それを一般化すれば〈思いやり〉であろうか。

現在、世の多くの重度障害者は家族が介護している。その優しさ、思いやりの深いお姿には頭が下がる。

一方、子を虐待する親が多くいる。最近の例で言えば、埼玉県において、実母の指示らしく祖父母を殺害して金銭を奪った十八歳の少年がいた。報道によれば、その生い立ちは、普通では考えられないような母親の虐待と不道徳な生活との中にあった。その少年が可哀《かわい》想《そう》で涙がこぼれた。近い親類の人々は一体何をしていたのであろうか。

これは一例にすぎない。すさまじい家庭崩壊が数多く起こっているのである。

重度障害者への愛と子への虐待と――それぞれの家族において、どうしてこれほど差があるのであろうか。

それに対して、人はともすれば物的環境や経済的観点といった外面的問題として把《と》えがちであるが、そうではない。究極は、心、精神といった内面的問題、あえて言えば道徳の問題として把えるべきである。

しかし、わが国の学校教育において、軽視されている教育の筆頭が道徳教育なのである。教育のほとんどは、いわゆる国数社理英の学力向上に力点が置かれ、それに終始している。けれども、いくら学力が上がったとしても、道徳心なしでは人間として成長しない。たとい学力が十分でなかったとしても、優しさや思いやりのある人間を作ってゆくことこそ教育であることを、学校は忘れてしまっている。

孔子に対して、弟子の子貢《しこう》が質問をした。生涯におきまして絶えず行うべきものを一字で表せましょうかと。孔子は答えた。「それ恕《じょ》（思いやり）か」と。


子貢問ひて曰く、一言《いちごん》にして以《もっ》て終身（一生）之《これ》を行ふ可《べ》き者有りや、と。

子曰く、其《そ》れ恕《じょ》か。己《おの》れの欲せざる所は、人に施すこと勿《なか》れ、と。

『論語』衛霊公

第2章

貧困・格差と社会保障と

——もし高きに升《のぼ》らんとすれば、必ず下《ひく》きよりす。
もし遐《とお》きに陟《わた》らんとすれば、必ず邇《ちか》きよりす。

社会保障を「損得勘定」で語る識者の愚

平成二十四（二〇一二）年、春の国会は大荒れと各メディアは伝えていた。その大きな理由は、社会保障と税の改革との一体化、そしてそれを支える諸増税の是非で、もめた。なるほど。そこで評論家や学者先生らがあれこれ予測している。もちろん、当たった例《ためし》はない。気楽な雑談といったところか。

政府予算案が出ると、すぐに野党・メディアそして政治経済分野の大学教員らが、どの分野の金額は多いの少ないのと数字の勘定だけをし、それが批判だと思っている。愚かな話である。どこをどのように正すべきかという具体案を出し、政府にそれを取り入れさせるのが真の批判ではないのか。

問題は社会保障の赤字解消のために税金を投入するという考えかたにある。この立場に私は大いなる疑問を抱いている。

社会保障を税、つまりは国家がすべて引き受けるというのは、社会主義の立場ではないのか。しかし、社会主義的政治そのものが災厄をもたらす机上の空論であったことは、すでに実験済みである。

社会保障制度そのものは西欧に由来する。ならば、その思想の根本を知るべきであろう。そこでまず問いたい。社会保障の対象者とはだれか、と述べると、人はキョトンとした顔をすることであろう。そして出てくることばは「われわれ」である。

ここが重要。「われわれ」とは不特定多数のことである。この〈不特定多数〉の者がたがいに助け合うために、それぞれが可能な分の醵金《きょきん》をして基金を作る。そして病気や被災など困ったことが起きると、その基金から一定の補助金を得て生きのびるのが社会保障。

これは、感覚的には〈すべての人々への愛〉といったキリスト教文化的であり、その土壌から発展して社会保障となる。そこには、不特定多数のため、という観念がある。

すなわち、自分の醵金によって、だれかが救われることに意義を認める。だから、醵金はするが、自分は基金の世話にはならず、可能なかぎり自力で生きる、そのようにして生きられることが幸せなのである。当然、その助け合いは基金総額内においてなされるのであって、額外はない。

さらに言えば、額内であるため不十分ではあっても、補助金を得たことに〈感謝〉し、その範囲内で対処し生活することになる。

こうした本源的思想に基づけば、今日の社会保障も〈われわれ〉みなの掛け金の総額の範囲内でそれぞれ適切に配分するのが、筋である。すなわち〈基金総額内〉を守るべきである。たとい受け取る金額が低くなろうとも。あくまでも〈補助〉金なのだから。

しかし、人間の欲望は果てしない。掛け金の総額内という規制がないかぎり、もっと、もっと欲しいと求める。その増大一方の要求が社会保障赤字の根本原因である。その解消にと仮に税を投入しても、無限に続く泥沼となるにすぎない。

以上のような、社会保障を生んだ西欧の宗教的・思想的在りかたが分っていないのは、皮肉なことに西欧の政治学や経済学などをお勉強した学者先生や評論家である。

彼らは、社会保障について口を開けば、今の若い人は将来において受け取れる年金額が少なくなり損すると言い、その損得数字の計算ばかりしている。

ここが重要。彼らが社会保障を損得勘定で見るのは、東北アジアの感覚である。

東北アジアでは不特定多数ではなくて、〈特定少数〉によって成り立つ社会保障（同時に金融システム）を作ってきていた。日本の例で言えば、頼母子講《たのもしこう》。

頼母子講とは、信頼できる〈特定少数〉の者が集まり、必ず期限（一年とか）を切って、月掛けで醵金する。その間、必要があればその基金から金銭を借りてそれに充《あ》てる。もちろん利子をつけて返す。講の期限が来ると清算して解散するが、元金はもどし、利子は分配する。このシステムだと、掛け金は必ず返り、利子がつき〈損〉はない。

ところが、学者や評論家は、特定少数という前提を忘れ、頼母子講の損得論理で、不特定多数による社会保障を論じる愚かな道化《どうけ》を演じている。すなわち、東北アジア的感覚で西欧社会保障を論じるため、スカタンな結論しか出てこないのである。歴史・文化・伝統とは何かが分っていない愚痴にすぎない。もちろん、そうした真実を、圧倒的大多数の中間的な人は知らない。その結果、日本中が損得話ばかりとなっている。

古人曰く、中庸《ちゆうよう》（中間）の人は、教へざれば〔真実やありかたを〕知らざるなり、と。

上智は、教へずして成り、下愚は、教ふと雖《いえど》も益《えき》なく、中庸の人は、教へざれば知らず。

『顔之推《がんしすい》家訓』教子

増税で福祉の財源を賄うな――財務省流の一体改革

平成二十四（二〇一二）年、鳴り物入りで野田佳彦首相以下が騒いで騒いで「後世の史家の判断を仰ぐ」とまで言って出してきた〈社会保障と税の一体改革案〉なるものは、要するに、社会保障の不足分は増税で補うというだけの、凡庸な三流政治の案にすぎず、見るに堪えない。

二千五百年前、中国は古代、孔子の弟子であった有若《ゆうじゃく》と君主の哀公との間で行われた、税をめぐる有名な話がある。

哀公が「近ごろ不作であり〔税収が少なく〕費用が不足してきておる。どうすれば良いのじゃ」と有若にたずねた。すると有若は、減税して税率を一割にしてはいかがと答えた。すると哀公は「今の税率二割でも不足となっておるのに、どうして一割に減税することなどできようぞ」と嗤《わら》った。

有若はこう申し上げた。「もし人々が〔減税によって生活費が〕足りていることとなりますならば、為政者はだれと不足だとぼやくことになるのですか。逆に、もし人々が〔重税のために生活費が〕不足ということになりますならば、為政者は〔歳入増によってほくほく顔で〕誰といっしょに足りていると喜ぶことになるのですか」と（『論語』顔淵）。

いま、最も求められているのは、社会保障費の増大そのものに対して、どのように対処するのかという抜本的な〈天下国家論〉なのである。増大、増税、再増大、再増税、三増大、三増税……という果てしない三百代言《さんびゃくだいげん》的増税を口にする他ない野田首相らは、〈天下国家を論ずる資質〉に乏しい。

それならばわれわれ国民側から提案するのが、彼らの無能に対する最大の批判となるであろう。

さて、社会保障と言っても、医療は特殊技術であり、年金はただただ金銭そのものであるから、われわれ一般素人には、なかなか踏みこみ難い。

しかし、介護は、われわれ国民も関わりうるので、ここから入りたい。

社会保障に対して、国民はこれまでのように国家にすがるだけではだめである。社会保障関係の掛金を払うだけではなくて、我々も直接に寄与すべきだ。その方法の一つは介護のポイント制である。

高校生ともなれば体力はある。そこで高校生以上（いや、中学生も）、定年退職者以下の人々は、日・祝日その他に時間を作って、社会福祉方面の奉仕をする。そして、たとえば労働一時間につき一ポイントを得ることとする。もちろん金銭は一切関係しない。

その仕事内容はいろいろであるが、できれば介護を主とし、その他、掃除でも走り使いでもなんでもいい、福祉施設（病院等をも含む）が必要とする仕事を奉仕する。時間は自分にとって可能な範囲にし、無理はしない。

こうしてポイントを蓄積してゆく。そして自分の老後に介護を必要とするとき、ポイントを使って、たとえばどなたかに三時間介護していただく。その方は三ポイントを得ることとなる。金銭の授受は一切ない。

このポイントに関して売買や不正使用をした者には刑罰を課す。ただし三親等以内の人にとって必要なときは、公的機関の承認の下、代替・寄贈ができるようにする。

このポイント制については厚労省が管理運営の責任を負い、全国共通とする。すると、直接の介護人件費が減り、介護保険の赤字は相当に食いとめることができる。

赤字とあればすぐ増税というような古代的政治ではなくて、国民みずからが労働奉仕して社会福祉に寄与し、社会保障を維持するという覚悟と努力とがあるとき、はじめて自国を愛する国民と言えるのではなかろうか。

民主党の古代的無能政権の増税方針は、物的に誤まっているのみならず、日本国民の自律的社会貢献への志を奪うものである。

同じく諸野党とりわけ自民党も、上述のような建設的政策がなく、ただ予算内容をつつくという受身の批判に終わっている。だから国民の支持率が増えないでいるのだ。

節度も適切な時期もないまま増税を強行し、己れの考えだけを傲岸《ごうがん》に押しつけ、血税を湯水の如く使おうとする以上、古人曰く、人貧し、と。

賦斂《ふれん》（課税）時《とき》（適時）を以てし、
官上《かんじょう》清〔廉・節〕約なれば、即ち人　富む。
賦斂　節〔度〕なく、
官上　奢《しゃ》〔恣《し》・放《ほう》〕縦《じゅう》なれば、即ち人　貧し。
『亢倉子《こうそうし》』政道

自由の敵・格差是正論者
――ピケティブームの愚

近ごろ流行語の一つは、「格差」である。それもその用法のほとんどは、経済的格差であり、まちがっても人格的格差について使われることなどはない。と言うよりも、人格問題など端《はな》から意識の中にない。

ひたすらカクサ、カクサの念仏を唱えている。その目的は、もちろん決まっている。〈その格差をなくせ〉である。それもピケティとやらという者が著《あら》わした『21世紀の資本』が、とことん格差是正を主張したことが、一種のお墨付きとなって騒いでいる。

日本人の悪い癖で、西洋人、カタカナの名前の者が述べると、すぐ飛びつく。今回もそうである。格差の結果、富裕層だけが得をしているのを是正するため、彼らの資産に相続税を増やして納税させ、それを貧困層に配分する。そのことによって格差の少ない平等な社会となる。めでたしめでたし。

愚かな話である。この〈平等〉を善とするならば、己れの才覚を尽して、つまりは自己の能力の限りを尽して、これまでの規格を破って努力し資産を形成する〈自由〉を悪しとすることになるではないか。

すなわちピケティの公式、資産平等〈経済成長は、平等〉は、結果的には〈人みな平等〉という社会主義論となろう。

しかし、旧ソ連はもとより、毛沢東指導の人民公社制の失敗は、平等を重んじるあまり、人々が働かなくなってしまったからである。働いても働かなくても、給料が同じというならば、よほどの聖人君子以外、だれも働かない。働くふりをするだけであって生産性は上がらず、まして経済成長などありえない。

これは三歳の童児でも分る悲劇的労働論ではないか。それをいい歳をした大人が賛嘆するとは、世も末である。

格差――これは太古の昔からある問題なのである。昨日や今日の話ではない。しかも長年の知恵によって、格差の存在を認めつつも、その差を縮める努力を称賛してきたのである。その努力が社会的にはさまざまな文明を生み、個人的には固有財産を有する結果となったのである。この固有財産には、精神的なものと物質的なものとの両種があることは言うまでもない。人間にとっては、物質だけが財産ではないのである。

具体例で言えば、貧しい生活をしている者は、貧しいがゆえに少しでも豊かな生活をしたいと願い、努力するわけである。これのどこがいけないのか。貧しい生活が、逆にその人を奮起させるのである。

老生の例を述べよう。大学生時代の四年間、すでに本書二二頁において記したように、夏以外、高校時代の詰め襟制服をそのまま着用した。今も覚えている。家庭教師先で鉛筆を使って紙上で説明をしていたとき、教え子の女生徒が、老生の服の袖口が摩《す》り切れて口を空《あ》けているのをじっと見ていた。

しかし、老生はすこしも恥ずかしくなかった。家庭教師の謝礼で得た金銭は、すべて学費に或いは専門書購入に投じる目的があったからである。

貧しい――これをすぐさま悪と見るのは、それこそ物質万能主義に囚《とら》われている固定観念である。貧しいことの悲しさ、苦しさを知っているからこそ、懸命に働くのである。

テレビで貧困をテーマとするドキュメンタリーがときどき放映されているので観ることがある。しかし、その貧困なるものについて違和感を覚えることが多い。

例えば、貧困者と称する者の室内を映していたシーン。テレビはあるが、本は一冊もない。食事はそこらのコンビニで買ってきたようなインスタントもの。老生、正直言って、その〈精神の荒廃〉にぞっとした。公的図書館に行けば本を無料で貸してくれる。食事は手作りが原則。にもかかわらず、登場した〈貧困女性〉は華やかな流行服を着、爪の手入れまでしていた。このような者は、どれほど社会的援助を受けても、貧しい、つらい、と文句を言い続けることであろう。

古人曰く、災害・疾疫《しつえき》有るにあらずして、独り以《もっ》て貧窮《ひんきゅう》なるは、〔怠《たい》〕惰《だ》（怠ける）にあらざれば、則ち奢《しゃ》〔侈《し》・ぜいたく〕なればなり、と。

> 災害・疾疫《しつえき》有るにあらずして、
> 独り以《もっ》て貧窮《ひんきゅう》なるは、
> 〔怠《たい》〕惰《だ》にあらざれば、則ち奢《しゃ》〔侈《し》〕なればなり。
>
> 桓寛『塩鉄論』授時

貧困を煽る左巻き・似非者の生き方

老生、高齢となり、認知力が落ちてきたので、人様《ひとさま》お書きの文章、よく分らないことが増えてきた。

例えば、どこぞの新聞、なに新聞だったか想い出せぬが、こう書いていた。「実態調査に依れば、大卒者は長生き」と。

なんと荒っぽい議論ではなかろうか。もしそう主張するならば、大学がなかった時代では、長生きの人がほとんどおらず、みな短命でした、ということになるのか。なんとかも休み休み言えと言いたい。

これもまたなに新聞だったかなんだったか忘れたが、大きな見出しにこうあった。「六〇パーセント　貧しいと実感」と。

近ごろ貧困家庭が増えたので、実態調査をしたところ、そういう結果が出た、というわけである。

老生、思わず嗤《わら》った。なぜなら、同じような調査がときどき出るが、貧しいと実感する人がいつも決まって六〇パーセント台なのである。六十年前の昭和三十五年、いわゆる「(西暦)六十年安保」大騒動のころ、新聞に出たデータにおける貧困者数字も「六〇パーセント」であったこと、記憶している。

すなわち、六〇パーセントの人が自分を貧しいと思うのは、昔からそうなのであって、今が特別というわけではないのだ。現在は六〇パーセントの人が貧しいと感じ、過去の六〇パーセントの人は豊かな生活をしていたとでも言いたいのか。

落ち着いて考えてみることだ。六〇パーセントというのは、〈多くの人〉と言うのとほぼ同じ意味なのである。わざわざ大金を費やしての実態調査などせずとも、そういうこと。それが世間の常識というものだ。

多くの人、たいていの人は、自分を正面切って豊かだと言ったりはしない。なんとか生活していますという気持ちで、「うちはビンボーですわ」と言っているのである。そういう人間心理、世間知を知らない安物の学者先生たちの実態調査は、優等生の夏休みの宿題完成みたいなもので、面白くも可笑《おか》しくもない凡庸な型通り作品。

こんなパーセント、わけが分らない、いや、わけが認知できないことの例を挙げよう。

先日、大阪駅附近で街頭宣伝いわゆる街宣の演説をしているのをなんとなく聞いた。中身はトランプ反対論。トランプは人種差別をしている男なので、許せないと言うのである。人種差別――それならなにも遠いアメリカ大統領を持ち出さずとも、日本のそこらにいくらでもネタが転がっているではないか。

例えば、稀勢《きせ》の里《さと》という力士が横綱に昇進したとき、どのメディアもこう伝えていた。十九年ぶり、日本出身の横綱と。

これは既存のモンゴル出身横綱らに対する差別発言ではないのか。と問えば、モンゴル出身の横綱と対照的に日本出身のそれと言ったまでであって、決して差別発言ではないと答えることであろう。事実の報道であって、差別発言ではない、すなわち、事実の指摘であって差別意識はない、という論法である。

ならば、その論法に乗ってみよう。アメリカでテロ行為を行ったのは、事実として△△国人であるので、△△国人のアメリカ入国を禁止する。すなわち、△△国人のテロ行為は事実であり、△△国人のアメリカ入国禁止は差別ではない、と。

こんな例もある。毎日新聞（平成二十九年一月二十三日付）の社説は、トランプ旋風批判を背景に、「繁栄の基盤を壊すのか」と来た。

思わず歎声《たんせい》が出た。これは保守丸出しの観点である。現状を守るという本音が出たわけである。日ごろの革新的進歩的御発言の正体、すなわち根本的思想のない、フワフワした〈良い子〉の姿をよく見せている。

こうした似非者《えせもの》の生きかたは気楽である。根本的態度・哲学があってそこからする発言ではなくて、世の中の言動とりわけ政治関係の問題に対して、とにかく政府に反対するわけである。常に反対のための反対をすることが左筋の本質。こんな気楽な商売はない。

古人曰く、人〔は〕飲食せざる莫《な》し。〔しかしながら〕能《よ》く〔その〕味を知る〔者〕は鮮《すくな》し、〔思想も同じ〕と。

人　飲食せざる莫《な》し。
能《よ》く〔その〕味を知る〔者〕は鮮《すくな》し。

『中庸』第四章

少子化問題の本質を忘れたリベラル――湯浅誠の言説

人類の歴史は、世の指導層がいくら偉そうなことを言っても、所詮、生物としてどのようにして生き延びてきたかという歴史である。

当然、それは現代世界においても同じことであって、指導層――具体的には、国策を担う政治家たちは、どのようにすれば日本は生き残ることができるのかということを真剣に考えなくてはならない。

たとえば、少子化問題。

ところが、この問題をすぐさま積極的に社会保障問題とりわけ年金問題に結びつけ、こう述べる。今までは、老人の年金を多人数による胴上げ型できたが、これからは三人が馬となり一人を乗せる騎馬型。しかし、将来は一人が一人をかつぐ肩車型となり、その重荷に堪えられず、危うし危うしと、大合唱。

こういうのを〈先見の明〉ならぬ〈浅見の迷〉と老生は思う。

と言うのは、今の過剰老人が〈百歳の後《のち》〉となったとき——おっと、「百歳の後」とは、死亡のことで、老人に対して「あんたが死んだら」などという非礼な物言いは、昔はしなかったもので、そういうときは「御老体、百歳の後」と表現した。

その老人群の〈百歳の後〉、これまでなかった光景が現われる。すなわち、空屋が増えるのだ。すると、東京等大都会の住宅難は解決し、住宅ローンなど不要となり、安く買い住むことができる。

連動して教育界において、私立学校は生徒の学生集めに狂奔《きようほん》し、授業料を下げる。もちろん入試は易《やさ》しくなる。

就職も若者の取り合いとなり、最後は初任給のつり上げとなるだろう……。

とすると、住宅ローンも教育ローンも不要の上に給料も高くなってくる若者は、老人を肩車に乗せて、歩くどころか走ることさえできるのではなかろうか。

と考えることもできる。もちろん、これから先のそのころの経済成長についての議論が必要であるが、それは別の機会に述べる。

さはさりながら、少子化問題そのものについて、現在における可能な解決案を出してゆくことが必要であることは言うまでもない。

そこで、かつての民主党政権の話を聞いていると、やれ手当がどうの、やれ保育所がどうの、やれ子育て支援がどうのと、物的な話がほとんど。しかも担当の小宮山洋子厚労相（当時）は、癖なのであろうか、首を振り振り言うものだから、頼りないことおびただしい。いいか、はっきりと言おう。少子化問題の本質は、物的環境に在るのではない。生殖そのものに在るのだ。ここのところを、みなは忘れている。

俗に「貧乏人の子沢山《だくさん》」と言う。そうなのだ、アフリカを見よ。〈劣悪な物的環境〉の中で子沢山である。

なぜか。答は一つ。――貧しさによって生命が絶えようとする危機感から、生命を絶やすまいとして生殖に励んだ結果の子沢山なのである。「貧乏人の子沢山」とは、その本質を突いた名言である。

日本の若者は豊かすぎるのだ。生命が絶えようとする危機感がないのだ。彼らは、いわゆる〈美味《おい》しいもの〉を食べ求めている。テレビの諸番組がそれを煽っている。

満腹の若者には、性欲はない。男女ともに。だから結婚する者が少なくなっている。見よ、食べ物に飢え、ギラギラとした性欲に溢れた若者などいないではないか。

近ごろ、湯浅誠なる者が、若者を貧困から救い就労させよと称しているらしいが、根本的にまちがっている。古来、青春とは貧しいものなのだ、物的に。しかし、そこから世に出て、自力で貧しさを克服してきたのだ。

その間、運命的な出会いの中で、結婚もまたなされてきたのである。貧しいからこそ結婚するのである。

そうした気構えがない豊かな若者は、美食や贅沢品の海に溺れ、独り暮しを楽しみ続けている。しかしそれは、性欲を失うことであり、やがて気鬱《きうつ》となるであろう。

そうなると、古人曰く、病《やまい》多くして寿《いのちなが》からず、と。

陰陽　交《まじ》はらざれば、
則ち坐《いなが》らにして壅閼《ようあつ》の病《やまい》（心身症）を致《いた》す。
故に幽閉怨曠《おんこう》（引き籠《こも》り）、病《やまい》多くして寿《いのちなが》からず。
『抱朴子《ほうぼくし》』釈滞

国の致命傷となる生活保護「促進」

生活保護の不正受給が社会問題となっている。なにしろこれまで隠されてきていただけに、出てくる話には常軌を逸したものがある。

例えば、大阪府下の或《あ》る市（市名は未公表）の職員の母親（別居）が生活保護を受けていた。そこで、職員に扶養義務者としての負担を求めたところ、できないと答えた。

その屁理屈がものすごい。親を扶養できない。扶養すると自分たちの生活が苦しくなる。なぜなら、住宅ローンの支払いがあるから、と。

この理屈づけは異常である。住宅ローン返済の途中であるならば、持ち家を諦め、ローンの元金残高分を家の値段として売れば、安いのですぐ売れる。そうすると、住宅ローン負担分がなくなり、親への扶養分などすぐ出るではないか。

ところがなんと、この屁理屈が通っているのだ。すなわち、税金に基づく生活保護費という公金を利用して、家という私的財産の形成を図ることを認めている。

まだある。その一連の報道の中で、農村における生活保護の例がテレビに映し出されていた。見るからに過疎地帯。生活が苦しく、だれも扶養してくれないので生活保護を受けている、と自宅の前で老婆が話していた。

しかし、映像におけるその自宅ときたら、寄《よ》せ棟《むね》造りの巨大な家ではないか。庭も広く、木々もよく手入れされている。土地は約二百坪（六百六十平米）もあろうか。

まずはその家や土地を処分して、その金銭で生活すべきではないか。過疎地帯ゆえに値段は安いかもしれないが、それをしないで〈豪邸〉に独り住んで、庭木の手入れを誰かにさせながらの生活保護費受給というのは、納得できない。

真に生活保護が必要という人は、実は少ないのではなかろうか。扶養義務者にきちんと扶養させるならば。

しかし、実はここのところが最も難しい。なぜなら、扶養義務の生じる三親等内の親族扶助（協力・和合・結束……）という〈家族主義〉は、日本国憲法が声高らかに謳う〈個人主義〉が普及するにつれて、その力を失ってきたからである。

日本国憲法第二四条はこう述べている。「婚姻は、両性の合意のみに基いて成立し……」と。核家族の宣言である。そこにあるものは、個人主義に基づいた男女両性の〈二人の幸せ〉だけであり、親も不要、子も不要を意味している。すなわち、アメリカ占領軍が強制した日本国憲法は、個人主義中心、家族主義解体を進めてきたのである。

当然、直系血族や兄弟姉妹の扶養の義務など考えにない。まして甥や姪、伯父や叔母は、単なる血続きであり、家庭裁判所が民法に基づき、自分たちに扶養の義務を負わせることもあることなど思いもしていないであろう。

すなわち、日本国憲法の個人主義が、民法に残っている家族主義をも、事実上、空洞化してしまっているのである。

その結果、己れの幸せのための住宅ローンが第一となり、あるいは郷里に老親を一人にさせての生活保護を産みだしているのである。

では、どうすればよいのか。

核家族をやめ、なんとか努力して祖父母・両親・子の三世代同居をすることだ。二世帯が一世帯になれば、生活費は安くなり、孤独死もなくなる。不要財産は処分する。

常に同居することが無理なら、例えば毎月、第一週は夫方の両親、第三週は妻方の両親に来てもらってはどうか。そういう形の三世代同居もありうるのではなかろうか。

生活保護の不正受給に対して、受給者の生活だけを見ていては、とても問題を解決することはできない。もっと根源的な〈生きかた〉、すなわち個人主義や家族主義という思想・文化の問題を見ないでいるから、多くの意見は生活保護不正受給問題に対して、制度論や道徳論によるお説教に終わっている。目の前のことに気をとられて、致命傷となる危険が見えていない。

古人曰く、白刃　胸に扞《せま》るや、則《すなわ》ち目《め》　流矢《りゅうし》を見ず、と。

〔敵の〕白刃〔が〕胸に扞《せま》るや、
則ち目〔は、そこに行き、飛び来る〕流矢《りゅうし》を見ず。
『荀子』彊国《きょうこく》

貧困なる公共世界――桐野夏生の言説

老生、元は教員。学生を教育していたころ、学生の論理的思考を練りあげることが、教育目的の一つであった。

その習性上、非論理的な意見に出会うと、アンタ、大丈夫かと問わざるをえない。インタビューの「公共のゆくえ」（平成二十八年四月十二日付朝日新聞）がその一例である。

登場者は作家で、桐野某。この者が書いた小説は一冊も読んだことがない。小説はもちろん〈小さな説〉であり、論理的である必要はない。論理を追う今、論理と関わりのない彼女の小説など読む必要はない。右のインタビューの内容に基づいて述べることとする。その内容は、活字になった以上、当人の承認したものであることは言うまでもない。すなわち当人の説であり、当人の考えかたを示している。

桐野某は「家族が壊れている。子どもの虐待や、そこから派生する子どもたちの非行。貧困が原因だと言っても過言ではない」と言う。

もうこれだけで、桐野某の人間観・世界観が浅薄で、ステレオタイプであることがよく分る。初歩的に言えば、貧困とは相対的なものであり、何をもって貧困とするのか、これは大難問なのである。にもかかわらず、易々《やすやす》と「貧困が原因」と断ずる。それは、桐野某の人間観・世界観の薄っぺらさをよく示しており、説得力はまったくない。例えばアフリカの某所、そこに住む人々の生活水準は、日本から見れば超極貧に属する。ならば、その某所の全員が他者を虐待し非行に走っているとでも言うのか。

また、A「道徳が教科化され、夫婦別姓導入の動きは後退している」と述べた直後に、B「伝統的家族観がまた頭をもたげて、女性を苦しめている」と言う。文脈上、BはAの原因説明となっている。

驚くべき無知である。桐野某の言う「伝統的家族」では、形式上、儒教的立場として夫婦別姓であったのだ。しかし、明治となり、幕末に結ばれた不平等条約の改正のための条件として欧米近代国家と同じく民法（刑法も）を我が国も作ることとなった。その民法を立案する際、欧米流家族のファミリーネーム（夫婦同姓）を真似ることとなった。しかし我が国は、古来、別姓（儒教がその理論化を行っている）であったので、血縁を示す「姓」ではなくて、わざわざ「氏」という組織名を立て、夫婦同〈氏〉としたのである。以来、法に関わる公的関係の文書はすべて「氏名」であって「姓名」ではない。

ところが、第二次大戦後、欧米において女権拡大運動が盛んとなり、ファミリーネームからの脱却すなわち夫婦別姓運動が起こってきた。そういうような欧米の動きを理も非もなくすぐ真似ようとするのが、日本人の一部（特に知識人層）にいつもいる。そこで、欧米のその波に乗って夫婦別〈姓〉運動が出てきたのだ。自国の姓・氏の歴史を知らず、民法上の氏も血縁上の姓もごっちゃにしての猿真似運動というところである。欧米のすることなら、なんでも真似るという幼稚な行動だ。

本来、桐野某は「伝統的家族観に基づいて、夫婦別姓にすべきである」と主張すべきなのに逆さまとなっている。笑止、笑止。

さらに桐野某は、個によって公が成り立つと簡単に考えている。では、個・公両者をつなぐものは何かと言えば、「人類全体の普遍的理念、人権の尊重のようなことが公共空間をつなぐべきである」とする。

なんという空虚なことばであろうか。美々しいことばを並べたてるとそれで目的は達せられるとする観念的な幼い態度——それは、憲法九条を守っておれば国家は安全ですという幼い態度と共通する。

桐野某のことばに「人類全体」とある。当然、例えば中国が入る。では中国に当てるとどうなるか。彼《か》の国では、「人類の普遍的理念」とは、社会主義（共産主義）ということであって、個などはない。「人権の尊重」などどこにもないではないか。しかし夫婦別〈姓〉。そうした厳たる事実を前にするとき、桐野某のことばは、ただフワフワと舞い散る花瓣《はなびら》にすぎず、例えば中国人の土足で踏まれゆくだけである。

古人曰く、もし高きに升《のぼ》らんとすれば、必ず下《ひく》きよりす。もし遐《とお》（遠）きに陟《わた》らん（行こう）とすれば、必ず邇《ちか》きよりす、と。

もし高きに升《のぼ》らんとすれば、必ず下《ひく》きよりす。
もし遐《とお》きに陟《わた》らんとすれば、必ず邇《ちか》きよりす。
『尚書（書経）』太甲の下《げ》

貧乏は悪か——増え続ける経済難民

老生、世の片隅で細々と暮している。時偶会合《ときたま》に出席するが、その折、人様《ひとさま》から名刺をいただくことがある。「礼は往来（往《ゆ》き来《き》）を尚《たっと》ぶ」（礼記《らいき》・曲礼上《きよくらい》）ので、本来ならば、当方も名刺を呈さねばならない。

さりながら、名刺はもう持っていない、使わないので、こう申し上げている。「私、名刺を持っておりません。素浪人ですので」と。

素浪人——これは便利なことばである。もし「私、勤めておりませんので……」と言うと、なにやら世間に遠慮の気分となり、延《ひ》いては、いささか哀しい生活の気分となる。

けれども、「素浪人」と称すると、食べかねてはいるものの、なにやら「武士は食わねど高楊枝《たかようじ》」調になるではないか。

もっとも、この「食べかねとりますんや」ということば、こういう使いかたがある。すなわち、頂《いただ》き物それも賞味期限のある物で食べきれないとき、他家に嫁入りとなる。そういう場合、「食べかねとりますんや」とことばを添えると、笑って納めてくださる。まさに「御笑納」である。

つまり、貧乏もまた楽し、という気持ちを持つと、風景が変わる。ところが、近ごろの議論では〈貧乏は悪〉に徹している。

中には、御苦労にも外国人の貧乏の心配までするのがいる。その最たるものは、いわゆる〈難民〉に対してである。

例えば、見出し「難民政策聞こえず」（毎日新聞大阪夕刊二十八年七月四日付）に一人のアフガニスタン出身者の例を出している。

その人物は、アフガンで、孤児を支持する日本のNGOスタッフとして働いていたところ、イスラム教徒ではない外国人の下で働く者はイスラム教を捨てたと見なす、という理不尽な理由で、タリバン構成員から銃身で何度も殴られた。さらに宗教裁判の呼び出し状が届き、命の危険を感じて二カ月後に単身で日本へ逃げてきた。しかし、難民とは認められず、いま大阪地裁に提訴中とのこと。

右の記事を読んで馬鹿馬鹿しくなった。と言うのは、その人物の話（おそらくは作り話）だけを信じて、彼の身分そして貧乏を救おうというわけである。

タリバンのことばが正しいならば、日本のNGOスタッフを辞めればいいだけのことではないか。あるいは、もし自分が正しければ、応分の〈戦い〉をすべきではないか。もちろん、信念を貫き通すなら死も覚悟のはずである。しかし、右の話からはそうした痕跡は見えない。

要は、己れの祖国を見捨てて、日本に住みつき、貧乏を解消しようという根性。こんな連中が難民と自称するのは痴《おこ》がましい。もちろん、それを支持する日本人は口先きだけ。本当にその男を救いたければ、まずは自分の養子にするとか、自宅に住まわせるとか、生活費を完全に自前で支援するとかをしてみよ。していないではないか。すべて日本国にぶらさがろうとしているだけのことである。

この話、さらにもっとひどいオチがついている。右の人物、日本で難民と認められず、国外退去を命じられると、「アフガンに戻れば拘束されるかもしれない。毎日心配だ」と訴えているという。

これは居直《いなお》りである。自分がこれから先にひどい目に遭遇するときがあると、それは自分を難民と認めない日本国の所為《せい》という〈論理〉である。

この論理――自分がすべて正しく、悪はすべて相手側という勝手な理屈、それは日本においてもかつて横行していた。いわゆる新左翼の屁理屈である。

難民を救おう、日本はもっと難民を受け入れよう……といった運動をしている連中の理屈に、なにやらかつての新左翼系の腐臭が漂《ただよ》う。

貧乏と聞くと、なにがなんでもそれを救おうという、ベッタリとした関係になっての政治運動が大きな顔をしている。偽善の最たるものである。

古人曰く、君子の交はりは、淡《あわ》きこと水のごとし。小人の交はりは、甘きこと醴《れい》(甘酒)のごとし、と。


君子の交《まじ》はりは、淡《あわ》きこと水のごとし。

小人の交はりは、甘《あま》きこと醴《れい》のごとし。

『荘子』山木

第3章

マスコミ

——言ふべきに匪《あら》ずんば、言ふことなかれ。
由《したが》ふべきに匪ずんば、語《つ》ぐことなかれ。

目標を失い漂流する朝日新聞

平成二十六（二〇一四）年九月十一日、吉田調書の報道等に朝日新聞社長が形ばかりの謝罪をした。詳細はすでに報道されている。

その翌日、さまざまなコメントが出ていたが、最も印象的だったのは、石破茂地方創生担当相がBS放送で語ったという皮肉である。同日付産経新聞に依《よ》れば、朝日の記者は「どれほどの国語能力を持っていたのか。〔吉田調書等は〕どう見ても読み誤まりようがない。〔私は〕朝日の入社試験を受けたことがないから知らないが、相当の国語力がないと採用されないのではないか」と。

記事の見出しは「朝日記者の国語能力疑問」——その朝日新聞が「語彙・読解力検定」なる国語試験を営業しているのであるから、これはもうブラックジョーク。ならば、次回に次のような出題をしてはどうか。

次の項目から、最も罪深いものを一つ選びなさい。

①従軍慰安婦　②従軍看護婦　③従軍漫才師　④従軍記者。

正解はもちろん④である。かつて当時の毎日新聞の従軍記者は、二人の日本軍将校の中国での百人斬り競争という、ありえない記事を書いた。そのため、敗戦後、二人は裁判とは言えない裁判ですぐ死刑となった。

そうした記事の責任など、どこ吹く風。戦後、この記者は中国の保護を受けて暮らしたという。

さて謝罪後の朝日新聞、今後その体質は変わるのか。断言しておこう〈変わらない〉と。なぜか。そのわけを言おう。

話は約六十年前、私の大学生時代に遡《さかのぼ》る。当時、日本を社会主義（あわよくば共産主義）国家にしようという大きな思想的潮流があった。それもやや現実味を帯びて。大学では、学問や研究をするのはそのためと思いこんでいた教員や学生が多かった。社会にもまた同様の集団が多く存在し活動していた。

当然、社会主義や共産主義の支持者が多かった新聞社は保守政権批判を第一とした。新聞の言論は、公平性が第一などと言っている人がいるが、カマトトもいいところ。まずはすでに一定の思想的立場があり、日本は、彼らの祖国〈ソ連〉（当時）の植民地になることを目的としていた。すべてはソ連の旗の下に。

ところが、そのソ連が崩壊したため、目標を失ってしまった。だが、長年かけてできた保守政権批判等の体質は、そう簡単に変えられるものではない。相い変わらず保守政権批判という不遜《ふそん》な安住をし、今日に至っている。

とにかく、保守政権の悪口を言っておれば〈高度の批判〉風に見せかけることができ、一丁上《いっちょうあ》がり。しかし、日本を社会主義国家へという目標を失い、漂流しているのが朝日の現状である。そのため捏造《ねつぞう》だってなんだって平気という荒廃となった。そういう社風の体質は変えようがない。

中国は古代、鐘を盗んだ男が逃げていたが、大きくて重い。そこで砕いてまとめようとして鐘を割ったところ、大音響〈大嘘の報道〉。それを他人が聞いて鐘を奪いに来るかもと心配して、古人曰く、〔自分の〕耳を掩《おお》へり、と。

范氏《はんし》の亡びし〔とき〕や、百姓の鍾《しょう》（かね）を得し者有り。
〔背〕負《お》ひて走らんと欲すれば、則ち鍾　大にして負うべからず。
椎《つち》（鉄槌《てっつい》）を以て之を毀《こぼ》てば（壊せば）、
鍾　況然《きょうぜん》として音〔大きな鐘の音〕有り。
人の之を聞きて己《おのれ》より奪はれんことを恐れ、遽《にわか》に其の耳を掩《おお》へり。
『呂氏春秋』自知

朝日を弁護する偽善者たち

いま朝日新聞はめった打ちに遭《あ》っている。これまでのデタラメ報道という身から出た錆《さび》とは言うものの、こういうときこそ、朝日御用達《ごようたし》の進歩的文化人（もう古語となったが）は、朝日のために弁疏《べんそ》これ努めるべきであろうのに、姿も見せない。

中国は古代、こういう話がある。鄭当時という人物が政府高官であったとき、彼に会うため門を埋めつくすほど多くの人々が訪れてきた。ところが、彼が失脚するとだれも寄りつかない。その門前に来るのは雀ばかり。それもあまりに多かったので、門前に網を張って捕えられるほどだった。それを『史記』（鄭当時伝の賛《さん》〔意見〕）は「門外、雀羅《じゃくら》（雀取りの羅《あみ》）を設くべし」と評した。

後に、この人物が復職すると、またぞろ人がやってきたので、彼は門にこう大書したという。「一貴一賤、〔それによって人間の〕交情（本心）すなわち見《あら》（現）はる」と。人の世とは、そういうものである。

逃げ散った進歩的文化人に替わって、いま朝日弁護に努めているのは、青木理《おさむ》をはじめとする他社の新聞記者やフリーライターらである。

彼らの主張はほとんど同じだ。すなわち、先ずは「朝日の行為はよろしくない」と批判する。そこまでは、『月刊Ｈａｎａｄａ』や『正論』や産経新聞等と同じである。

しかし、その後はまったく異なる。上記諸誌らは、世界に向かって日本国ならびに日本人の〔朝日に由《よ》って〕貶《おとし》められた名誉回復に努力せよと要求しているが、彼らはそうではなくて、二大特徴をもってこう論じてゆく。

まず第一特徴。慰安婦問題という人権問題が残っている。それの歴史的検証や歴史研究は必要である、と。

冗談もほどほどにするがいい。世のいわゆる〈女郎《じょろう》〉(「いわゆる」と言っておかないと騒ぐ連中がいる)の歴史は、それこそ太古の昔から始まって今日に至っているのであって、もちろん今後もなくなりはしない。いわゆる女郎のいない国家がもしあるならば明示してみよ。できるのか。できないではないか。

なぜいわゆる女郎が今もってなくならないのかという問題は、人権や貧困や無知といった、それこそ上から目線の凡庸な理由では、逆さになっても解けない人間存在の暗い〈性〉

の深淵があるからである。

のみならず、歴史研究者においていわゆる女郎の研究などは、三流どころの研究者のテーマにすぎず、一流の研究者はまず扱わない。そういう現実はどうなるのか。

第二の特徴。ジャーナリズムは、事実に忠実であり公平な報道をすべきであると主張。馬鹿も休み休み言えと言いたい。人間の歴史において、解釈の加えられていない事実など存在しないからである。

例えば、火山の噴火があったときさえ、いわゆる事実だけを報道することはありえない。ヘリコプターから地上の遭難者について叙述している新聞にこういう文があった。救けを求めている手が震えていた、と。しかし、震えるという動作は、ふつうは至近距離でないと分らない。それがどうしてヘリコプター上から分るのか。

そのヘリは、もちろん救難ヘリではない。報道ヘリなので相当に高いところにいるわけで、手の震えなど見えるはずがない。

にもかかわらず、震えていたと書くのは記者の想像あるいは固定観念の下、〈遭難者は恐怖に震えている〉という解釈を加えているからだ。

噴火においてさえ解釈を加えるのである。まして歴史上の事柄において解釈の加えられていない事実（結果としては資料）などはない。事実に解釈を加える――それは〈意味づけ〉ということであって、人間の歴史はすべてそれによって成り立っている。万古不変の公平などという客観性を有する歴史事実など、存在しない。

事実、朝日擁護の知識人やジャーナリストらの姿勢は一律に反安倍、反自民、反保守……であり、己れ自身がすでに公平でないのに、さも公平でありげに言う。偽装の偽善者どもと言うほかない。

古人曰く、正直《せいちょく》とは、道に順《したが》ひて行ひ、理に順って言ひ、公平無私なるなり、と。

> 正直《せいちょく》とは、道に順《したが》ひて行ひ、
> 理に順って言ひ、公平無私なるなり。
> 『韓詩外伝《げでん》』七巻第二十一則

永久謝罪論というファシズム――山崎正和の言説

老生、現役を引退してからは、現役担当者から現場のことを教えてもらっている。先日、おもしろい話を聞いた。近ごろの中・韓の下品で大嘘《うそ》つきの言動に嫌気が差して、中国や朝鮮半島の研究や専攻を志望する学生が減ってきているとのこと。

なるほど。それはありうる。かつて中国語学習ブームがあった。それはもう下火。

つまり現在は、中国や朝鮮半島にとって、自国のことを理解してくれる若い日本人を失い、眼には見えないものの、大損を蒙《こうむ》っているということだ。

しかも、中・韓が声を大にしたとき最も影響を受けやすかった日本戦後教育の初期受洗者すなわち団塊世代が次々と現役引退をしている今、以前と同じ調子で喚《わめ》いても、日本の世論に以前ほどの効果はなくなってきている。第一、中・韓が頼りとする日本左翼において、これという論客はもうほとんどいない。いたとしても大半は逃げてしまっており、発言しなくなってしまっている。

それはそうだ。日本の左翼が〈祖国〉と崇《あが》め奉《たてまつ》っていたソ連邦は消え、共産主義を現実化すると称した中華人民共和国の今の〈金銭《ぜに》まみれ〉をありがたく戴いて発言することなどできるわけがない。

と思っていると、いや、日本が悪いのですと、依然としてそう発言するとんでもないのが出てきた。

山崎正和・劇作家の文に、なんと「日本人にとって、選択できる道は一つしかない。たとえ個人的には身に覚えがなくとも、全国民を挙げてかつての被害国に謝罪をつづけることである」（原文のママ。『潮』平成二十五年十一月号、二十五ページ）とある。もちろん中・韓に対してである。

日本には言論の自由があるので、意見をどう述べようと構わない。しかし、それを他者に強制することは、あってはならない。

ところが、山崎某のこの短い文章において見逃すことのできない強制のことばが、すくなくとも三個ある。すなわち、①「道は一つしかない」、②「全国民」、③「つづけることである」の三者である。

とりわけ「全国民」。これは一人残らずということだ。例えば「全国民は交通規制を守らねばならない」というのは問題ない。それは、法の順守の義務づけだからである。しかし例えば「全国民は恋をしなければならない」などというのは、個人の感情の問題なのであって強制などできない。

けれども山崎某は、「全」という高圧的な見方に立って謝罪せよと言い、それも果てしなく（時効はなく）続けよと述べ、そういう道があるのみと限定しているのである。

それは、俗に言う〈ファシズム〉的発言である。己れの立場という一つのありかたしか許さないというのであるから。

愚かな話である。顧みれば、人類の歴史において、加害・被害・抗争・戦争……そうした不幸は絶えずあった。しかし、そうした不幸も、講和条約あるいはそれに類した条約を結んだあとは、おたがい言い分が仮にまだあるとしても、それはもう言わないで、両国は新しい友好関係を結びましょう、作りましょうというのが人類の知恵なのである。

その典型が日米関係である。両国はすさまじい戦争を行った。たがいに言いたいことは山ほどある。しかし、日本は敗者としてのいろいろな犠牲を払いつつも、ともあれ講和条約を結び、この条約を結んだあとは、両国は新しく友好関係を結んで今日に至っている。

同様の法的和解を日本は中国や韓国に対して行ってきたのであり、それをもって国家としては過去のことについてお互いもう問わないとするのが、人類の知恵なのである。

その知恵を学ばず生かさず、「個人的には身に覚えがなくとも」謝罪を続けよなどと言うのは、中・韓の回し者のような発言である。

古人曰く、成事《せいじ》（できたこと）は説《と》かず。遂事《すいじ》（すんだこと）は諫《いさ》めず。既往《きおう》は咎《とが》めず、と。


成事《せいじ》は説《と》かず。遂事《すいじ》は諫《いさ》めず。

既往《きおう》（過去）は咎《とが》めず。

『論語』八佾《はちいつ》

学問の自由を阻害する反日派団体と植村隆支援者

東京の出版社員、書店員、フリーライターらが集まり、いま多様に刊行されている「嫌中憎韓」本を批判する本を出版し、業界内から異議申し立てる、とのこと。

世も末である。〈言論には言論を〉ではないか。「嫌中憎韓」本に対しては「好中愛韓」本を出すのが筋なのに、「嫌中憎韓」本を出版させないというのは、左筋《ひだりすじ》の本質すなわち反対者は粛清するという意識丸出しである。

その連中の一人は「〈嫌中憎韓本のような〉あのような本が出版されていることは腹に据えかねている。このままではいけない」として、こう言う。「変えるのは大変だが、せめて『おかしい』と言い続けたい」と(毎日新聞平成二十六年十月二十七日付)。これでは初めから負けと言っているようなもの。元気がない。

それはそうだ。いわゆる嫌中憎韓本が売れているには売れるだけの理由があるからである。すなわち、日本人の怒りが原動力となっているからなのだ。あえて言えば、中韓の横暴に対して理論武装しようと努力している姿なのである。その求めていたものを得られるので買っていると言ってよい。

しかも、単なる罵倒の書ではなく、きちんと詰《つ》めているものが多い。例えば、いしゐのぞむ著『尖閣反駁《はんばく》マニュアル百題』（集広舎・福岡）は、極めて実証的であり説得力がある。おそらく左筋の大学教員らは実証的に論理的に一つも反論できないであろう。優れた研究書である。

反「嫌中憎韓本」運動に迫力がないのは、左筋の連中に教条主義・左翼小児病的なのが多く、もともと〈自分の頭で考えることができない〉化けの皮が剝《は》げたということである。

これと似たようなことがもう一つ起こっている。北海道にある北星学園大学の非常勤講師、植村某は、朝日新聞記者時代にいわゆる従軍慰安婦のでっちあげ記事を書いていたので、大学に対して植村某の退職を求める脅迫文が届くなどしているとのこと。そこで、大学側は植村某との来年度の契約を更新しない、すなわち今年度をもって打ち切りの方向であるらしい。これに対して、同大学の一部の教職員らが反対している。

それはいい。当然、内部で議論があっていい。ところが内部でなくて外部で珍妙なことが起こった。有識者とやらが「負けるな北星！の会」という応援団を作りシンポジウムを開き、植村某を支援した。その謳《うた》い文句が、「大学の自治と学問の自由を守る」である。

これは自己矛盾となる。なぜなら、〈大学の自治〉と称するならば、それはその大学内部の自治のことである。だからこそ外部の干渉に対して抵抗するのだ。すると、大学内で決めること（反対はあっても最終的には組織の正式決定）に対して、外部はとやかく言えないのが筋である。もし北星学園大学が正式の機関決定として植村某の任期（一年）満了をもって契約終了としたとき、それに対して外部が反対するのは、大学の自治を侵すことになるのである。すなわち「負けるな北星！の会」の「大学の自治を守れ」という主張は、〈大学の自治を侵す〉行為となるではないか。

もし異議があるなら、植村某は、地位の保全、損害賠償、名誉毀損、なんでもいいから裁判に訴えることだ。「負けるな北星！の会」はそれを応援することだ。それなら分る。そして確実に敗訴して泣くのがいい。

〈学問の自由〉と称するが、その「自由」にでたらめは含まない。植村某は吉田でたらめ証言に基づいて諸文を書いたのであり、学問とは無縁なフィクションライターにすぎない。彼を任用するとき、非常勤講師といえども、業績や教育経験などの審査があったはず。すると、インチキ業績があったというだけで、それをもって失格とするのが、学問の自由を守る大学の自治なのである。

古人曰く、徳〔モラルが〕その任《にん》に称《かな》はざれば（ふさわしくなければ）、その禍《わざわい》や必ず酷《はなは》だし。能〔力が〕その位《くらい》（地位）に称はざれば、その禍や必ず大、と。

徳〔性が〕その任《にん》に称《かな》はざれば、
その禍《わざわい》や必ず酷《はなは》だし。
能〔力が〕その位《くらい》（地位）に称はざれば、
その禍や必ず大なり。

王符『潜夫論』忠貴

「歴史修正主義」のレッテルは権力闘争の道具

近ごろ「歴史修正主義」ということばが目につく。それを使っている多くの場合は、こうである。歴史上の事で確定していることを改新しようとしているとして非難するときに「歴史修正主義」というレッテルを貼っている。

具体的な例を挙げる。保守派が左筋の歴史観を自虐史観として批判しているが、それを歴史修正主義と称して左筋は非難しているわけである。

愚かな話である。と言うのは、そもそも「修正主義」ということばは、元来、共産主義者・社会主義者らの業界用語なのであって、一般用語ではないからである。

その昔、マルクス主義が政治として登場した後、それまでにすでにできていた議会制を生かしながら、マルクス主義的政策の中の現実性があるもの（社会保障制度など）を取り入れてゆこうとした、ドイツ社会民主党のベルンシュタインの立場を修正社会主義、略して修正主義と言った。柔らかいマルクス主義とでも言うべきか。

これに対して、ごりごりのマルクス主義者（教条主義者・左翼小児病者ら）は、とんでもない誤まりとして批判する。以来、修正主義者という罵倒語が裏切り者といった気分をもって使われてきた。要するに、マルキスト連中のお家騒動用語と化した。

例えば、毛沢東は中華人民共和国建国後、独裁者として君臨したが、大躍進政策の失敗で失脚。その後、文化大革命を起こして復活した。そのとき、最高権力者の劉少奇を引き摺《ず》り下ろすスローガンが「打倒修正主義者」であった。事実、毛沢東は共産主義信奉者、劉少奇は現実主義的で修正社会主義的であった。

という話で分るように、なんのことはない、権力闘争用語でもあるのである。つまり、どこかに絶対〈正〉なるものが存在し〔と無理やりでっちあげ〕、その前には文句を言わず平伏《ひれふ》せよ、というわけである。だから、その絶対〈正〉に疑いを持ったり、別の〈正〉を唱えたりするのは、修正主義者であると罵倒し、罪とする。当然、その思想を改めさせるため、政治収容所や労働改造所に送りこむ。もちろん、その先は悲惨な労働改造、思想改造の日々、そして孤独な死あるのみ。北朝鮮の実情がそれを物語って余りある。

さて、話が飛んで現代日本。右のような事情を知ってか知らずか、それは知らないが、マルキシズムの業界用語を一般用語に持ちこみ、しかも「歴史」をくっつけ「歴史修正主義」と称して使いだした。世間知らずの連中である。歴史において、何か知らないが「正しい歴史」なるものがあり、それを守らなければならないのだ、それ以外はダメとケチをつけるのが出てきた。それは許さぬ、歴史修正主義は許さぬと息巻いている。

となると、二つの問題点が出てくる。

まず一つ。修正主義延《ひ》いては歴史修正主義も、一般用語ではない。共産・社会主義者がマルクス主義を絶対〈正〉とするのは勝手だが、一般性はない。だからまずその絶対〈正〉を確定するため、共産・社会主義者ら左筋業界内で存分に喧嘩《けんか》をおやんなさい。それが筋。それをなんと、矛先《ほこさき》を保守派に向けてくるのは御門違《おかどちが》い。先ごろ帰土《きど》した高倉健《たかくらけん》風に言えば、左筋のあんさん、まちがってやしませんか。死んで貰《もら》いやす。背中《せな》の赤旗泣いている。果ては網走、番外地。

もう一つは、「修正」ということば自体だ。一般社会へ打って出るとなれば、一般用語として使えなくてはならない。しかし、「修正」とは「まちがった行いを正しくする・身が修まり正しくなる・正しいありかたを修め身につける」といった、悪いところを正して良くなるという語感である。となると、左筋の連中の意図と正反対。それが厭《いや》なら「修正」でなくて「改悪」と称すべきではないのか。

では、歴史改悪主義——こう表現した瞬間、自己崩壊する。なぜなら、歴史を特定化し固定し、歴史に対する自由な研究・解釈・論評、延《ひ》いては学説や思想の自由を否定するファシズム宣言となるからである。

古人曰く、盛《せい》の衰《すい》ある、生の死あるは、天の分なり、と。

盛《せい》の〔向う先に〕衰《すい》〔が〕ある、
生の〔変じて〕死あるは、
天の分（自然の法則）なり。

『晏子《あんし》春秋』外篇二

ヘイトを煽動するのは誰か？——岸井成格の言説

新年、老生は何もせず、安酒を傾け、悠々と酔生夢死《すいせいむし》の境地で過ごす。とはいえ、そこは凡愚《ぼんぐ》、手近なテレビを観るものの、元旦からほとんどが三流芸人の三流芸。

その一つに、四日の朝、毎週あるらしいがサンデーモーニングなるものがあった。その筋立てはこうである。

なんとかと言う西洋人の〈群衆〉論十個条それぞれについて映像を映し出しての論評。観ていてすぐ分った、その狙いが。映像を展開していって最後に、群衆の愚かさにつけこんでヒットラーが権力を得、ユダヤ人虐殺をはじめ、悪業の限りを尽くしてドイツが破滅したにも拘《かか》わらず、今もドイツ人デモ隊が外国人労働者に対して排斥の声をあげているとしてその姿を映し出す。そして示す、右傾化が国を危うくしている、と。

その後、日本で話題のヘイトスピーチを念頭に、コメンテーターの岸井某（毎日新聞）がこう被《かぶ》せる。日本の右傾化、元凶は安倍首相と暗示しつつ、やがて出る戦後七十年の安倍談話の内容へのいち早い予防攻撃。それを物知り顔にヨイショとまわりに、でっぷり肥えた寺島実郎、痩《や》せた姜尚中、その他雑魚《ざこ》二匹のチンドン屋演芸であった。

これは、左筋得意のプロパガンダ方式である。すなわち、ヒットラーやユダヤ人虐殺等の悪《あ》しき映像を見せまくって視聴者を洗脳した上で（つまりは群衆の愚かさを利用した上で）、安倍はヒットラーだぞ、ドイツの悲劇と同じく、安倍のすることの先は日本の悲劇だぞ、と持ってくる。

そこには知的な論理的精密さはなく、映像を利用した感情、いや喚情型宣伝である。つまりはチンドン屋型〈教養報道番組〉である。

だから、意図はユダヤ人虐殺から一気に現在の在特会のヘイトスピーチに飛ぼうとしている。そこには論理的つながりはなく、感情を喚《よ》び起こしてのどんぶり勘定。

老生はそのヘイトスピーチなるものを、この耳でしかと聞ける機会がなく判断できないので、賛否いずれかの意見は出せない。

しかし、ヘイトスピーチの禁止論者に求めたい。「ヘイト」について、その概念や定義を明らかにせよ、と。

ユダヤ人虐殺の場合、われわれアジア人は虐殺という事をのみ見る。しかし、中近東・

ヨーロッパ地域においては、ユダヤ人問題は昨日や今日の問題ではなくて、何百年来のそれなのである。キリスト教は十字軍によるイスラム教との戦争を起こす一方、ユダヤ教のユダヤ人を迫害してきたのである。その延長線上にナチスに由《よ》るユダヤ人虐殺があった。そうしたことの贖罪《しょくざい》が、現在のユダヤ人のためのイスラエル国創出となった歴史がある。

そうした歴史について、われわれ日本人はほんの少ししか知らないし、ユダヤ人迫害の実感も持っていない。ユダヤ人虐殺についてては、まず何よりも神や人間の精神の問題を根底に据えなくてはならないのであって、テレビがニュース映画的に安っぽく映し出し、今日のヘイトスピーチに結びつけようなどというのは、あまりにも安易すぎる。虐殺されたユダヤ人に対して無礼であろう。

もちろん、ヘイトスピーチは良くないから止《や》めよという意見を述べるのは自由である。しかし、そう述べる以上は、感情だけで言うのではなくて、何をもってヘイトスピーチとするのか、「ヘイト」の概念や定義を明らかにすべきである。

もしそれがなくて、ただ止めろと言うのは、言論の自由の否定となる。それは、左筋プロパガンダ流に言えば「ファシズムの足音がする」ことになる。

ヘイトスピーチ反対論者に借問《しゃもん》す。沖縄の米軍基地に対する反対デモのプラカードをテレビで見たが、「ヤンキーゴーホーム」とあった。「アメ公　とっとと帰りやがれ」という感じだが、これはヘイトスピーチなのか、そうでないのか、しかと答えよ。

古人曰く、大惑《たいわく》の者〔は〕、終身（一生）　解《さと》らず（分らず）。大愚の者、終身　霊《し》らず（分らない）、と。

大惑《たいわく》の者（迷いに迷う者）、終身　解《さと》らず。
大愚の者、終身　霊《し》らず（知らず）。
『荘子』天地

神聖視される沖縄二紙の無残

平成二十七（二〇一五）年六月の報道に依《よ》れば、自民党の若手議員の勉強会「文化芸術懇話会」において、招請した講師の百田尚樹氏が、沖縄の二新聞紙（琉球新報・沖縄タイムス）をつぶせと発言、また自民党某議員が、諸会社は両紙に広告を出すのを自粛すべきと発言したという。大筋、そういうことのようである。

この話を新聞で知り、不思議に思った。ふつう勉強会というのは公開でなく、仲間内での討論であるのに、当日の中身がほとんど洩れていることである。参加者のだれかがペラペラしゃべったのであろう。愚か者である。おそらくテープか何かに録音していたのだろう。では、その録音、百田氏の許可を得ていたのか。そういった辺りはまったく不明瞭。

勉強会は私的なもので公開性がなく、当然、公共性などはない。われわれ研究者の勉強会での発言内容には、歴史の真実を知るため、時として破天荒なものが飛び出すことがあるが、その非公共性を非難などしていたら、研究などできない。

さて発言内容。そのどこが問題なのか、私には分らない。例えば、雑誌『正論』平成二十七年八月号三十七ページにある、日本文化チャンネル桜の広告に「朝日新聞を消せ」「言論テロ組織？　朝日新聞撃滅へ」とある。これは「朝日をつぶせ」というのと同じではないか。

しかし、誰も何も言っていない。なぜ沖縄二紙の話となると騒ぎたてるのか。不自然。果ては日本新聞協会編集委員会なる組織が、直後の六月二十九日にコメントを発表、「憲法21条で保障された表現の自由をないがしろにした発言……」と来た。これは、表現の自由とは何かということが全く分っていない連中の決まり文句。「憲法で保障された……」という、〈個〉がなく〈お上《かみ》〉にぶらさがりの旧式日本人の典型である。

それは、〈表現の自由〉大明神さまが憲法なる神棚に鎮座ましましておられるぞよ、崇《あが》め奉れよ、そーれ、と言うのと同じで、〈表現の自由〉なるものがこの世のどこかに存在しているという妄想に憑《つ》かれている哀れな姿である。

表現の自由、延《ひ》いては思想の自由、研究の自由、学問の自由……がどこかに鎮座ましましているわけではない。文筆に関わる者、研究し学問する者は、その行為の一つ一つを通じて、常に表現・研究・学問の自由を意識し守ることに由《よ》ってのみ、つまりは、覚悟をもっての表現においてのみ、始めてそうした自由が現われ守られる、いや自由を守るのである。どこかに権力・権威を有する何とかの自由がそれ自体として存在し、尊崇対象となるのではない。まして、権力に拠る保証付きのそのようなものは、存在しない。もしその種の自由が存在するとするならば、それは逆に抑圧の道具と化す危険性がある。その政体が許す範囲内の自由と化すからである。

例えば、一部の沖縄人が憧れている中国、同国の憲法第三五条にこうある。「中華人民共和国の公民は、言論、出版、集会、結社、遊行、示威（示威遊行とはデモ行進）の自由あり」と。しかし、憲法に言論の自由が記されているからと言ってその通り認めているわけではない。逆に弾圧している。なぜか。同憲法第一条に、中国は社会主義制度の国家なので、社会主義制度を破壊することを禁止すると明記。だからこの第一条によって、言論の自由を圧殺できる。「つぶせる」のである。

中国の心ある言論人や研究者の絶望的な抵抗を聞くにつれ、沖縄二紙は情けない。つぶせと言われたと言って、幼児のように泣き言を言うべきではない。己れが、真実、表現の自由の自覚の下、日々に努力してそれを築き、己れ自身が死をもってでもそれを守る覚悟があるのか。他者に頼るな。

まして、広告がなくなっては困るという話は情けない。白馬の王子さまではあるまいし、もし広告がなくなれば、それこそ倒産しないように企業努力をするのが〈会社〉の経営というものであろう。沖縄二紙は民間企業なのであって公営ではない。甘えるな。また他のメディアも両紙を神聖視するな。それこそ逆差別ではないか。

古人曰く、小忠は、大忠の賊《ころし》（殺害）なり。小利は、大利の残《そこない》（破壊）なり、と。

小忠（小さなまごころ）は、大忠の賊《ころし》なり。
小利は、大利の残《そこない》なり。
劉向《りゅうきょう》『説苑《ぜいえん》』叢談《そうだん》（「説叢」とも）

無芸大食と化すコメンテーター

老生、先だって、偶然、この上なく愚かしく、この上なく哀しいテレビ映像を見た。三流タレントの某女（コメディアン系）が〔平成二十八年九月十六日の白熱ライブビビットという番組に〕出演していたが、同女は、自分の生活をこう語ったのである。月に百万円を着物に使うが、預金は二万円。いまレンタルの延滞金が二十万円、タクシー月に二十万円……と。

この女、肉を大量に食べると称していたが、その体躯《たいく》は〈病的に〉肥満。確実に生活習慣病の予備軍、いやすでに発症済みか。こういうのを無芸大食というのだろう。

いや、笑えない。こういうことだろう、すなわち、まともに働かない、美衣を身に纏《まと》いたい、将来のための貯蓄はしない、収入に不相応なタクシー代……ということを一般化すれば、身奇麗《みぎれい》な、しかし怪しげな仕事で泡銭《あぶくぜに》を得、老後のことなど考えず、遊び呆《ほう》けて借金生活で平気といった生活、近ごろの浅薄な〈無芸大食〉の風潮を表している。

ま、それはいい、その人間一人の話で済むので。しかし、ひどいのは、多くの人に影響するテレビのコメンテーターなる者の〈無芸大食〉的な国語。非常な抵抗を覚えることがある。

例えば「天皇・皇后両陛下の御出席」と表現する。「御出席」というのは、一般人用のことばである。天皇の場合は「行幸《ぎょうこう》」であり、皇后・東宮などの場合は「行啓《ぎょうけい》」。天皇・皇后両陛下同時のときは、併せて「行幸啓《ぎょうこうけい》」となる。この用法は、老生、国民学校（現在の小学校）三年生、九歳のとき（敗戦の年）、教えられた。今もって記憶している。

それは特別と言うのならば、一般的な例を挙げよう。「語るに落ちる」だ。この語をこのような意味で使っている。「あの人の発言はレベルが低い」と。それは違う。「語っているうちに、隠していたことがしぜんと漏《も》れ出る」の意だ。けれども、そういう意味に使っていないコメンテーターが多い。

いや、テレビのコメンテーターだけでなくて、文筆稼業《かぎょう》の者の中にも、近ごろ変なのがいる。例えば、「……にも関わらず」と表現する者が多い。しかし、これは「……にも拘《かか》わらず」である。或いは例えば、「これは要するに」と書く者が多い。違う、「これを要するに」である。なぜなら、漢文において、「要之」という定番の表現があるからだ。教科書的に説明すると「要レ之」すなわち「之《これ》を要するに」と読み、「これ（上文）を要約すると」と、明白に要約対象を指して「之《これ》を」と言っているのである。「要之」に対して「之《これ》は」と読むことはできない。となると、「之は」と書く者は、漢文の基礎がないということであろうか。

さらに言えば「伏魔殿《ふくまでん》」。近ごろ、例えば「東京都庁は伏魔殿」などと書く人がいる。魔物がたくさん伏せ籠《こも》っているという意味のつもりであろう。

しかし、問題がある。「伏魔」は「伏《ふせ》って隠れている魔」ではなくて「魔を屈伏《くつぷく》（屈服）させる」という使い方が多かった。だからこそ、三国（三国志）時代の英雄、関羽《かんう》は三界伏魔大帝と称されたのである。道教においては、伏魔殿は悪魔を屈伏させる祈禱所《きとうしょ》であった。

と述べると、いや『広辞苑』では、と言う人が出てくる。では見てみよう。世人が崇《あが》め奉る同書昭和四十九年第二版には「①悪魔のかくれている殿堂。②陰謀などが絶えずたくらまれている所。」とある。

これは確かな解釈なのか。例えば、大正十四年刊・金沢庄三郎『広辞林』「魔の伏在する殿堂。禍乱《からん》をひきおこすもののあつまる処」、大正四年刊・小山左文二『国語漢文大辞典』「①悪魔のひそむ宮殿。②転じて、奸臣《かんしん》などの陰謀を企つるところ」……そして『広辞苑』。見よ、揃《そろ》いも揃って孫引きのオンパレード。無責任と非実証性との好例である。

東京都庁のこれからは、どういう意味の伏魔殿となるのだろうか。

古人曰く、言ふべきに匪《あら》ず（非《あら》ず）んば、言ふことなかれ。〔道理に〕由ふ《したが》（従ふ）べきに匪ずんば、語《つ》ぐことなかれ、と。

言ふべきに匪《あら》ずんば、言ふことなかれ。
由《したが》ふべきに匪ずんば、語《つ》ぐことなかれ。
『詩経』賓《ひん》之《し》初筵《しょえん》

悪業がモッとーなのか――前川喜平の言説

老生、老残の身、世を忍ぶ日々であるが、我が茅屋《ぼうおく》に電波が勝手に飛びこんでくるため、テレビを見ざるをえない。

ならば、テレビなど無視すればよいものを、AKB48の元気な小娘どものダンスを見ておると、こちらも室内運動を兼ねてチョイと踊ってみることとなり、腰を痛めてしまったわ。年寄りの冷水《ひやみず》じゃのう。

うむ、年寄りの冷水などという古語、今どきの若者には分るまい。そのような古語の多くは消えてしもた。例えば、昔、「年寄りと仏壇は、置きどころがない」と聞いた。この語、今よく分る。近ごろ、都会の多くの家には、和室がなく、仏壇を納める場所などない。となれば、家に置こうにも置けない。仏壇屋も、これからは、玄関の下駄箱の上にでも置ける軽量小型の仏壇を作らねばなるまいて。

仏壇も年寄りも、同じく小さくなって浮世を過す日々、家にその居場所はしだいになくなりつつあるわ。古語と同様じゃ。

などと愚痴をこぼしおった折、なんと奇怪な古語が飛びこんできた。文部科学省の元次官、前川某の発言にである。

学校法人加計学園が獣医学部の新設を計画して、種々努力をしていたその過程で、総理官邸から文科省へ認可希望があったらしく、その申し入れに対して、官邸の圧力であり、延《ひ》いては、官邸トップの意向と感じた。そのことを示す内部文書が、文科省内に出廻っていた云々という発言である。

その経過あるいは文書内容の妥当性等の真実について、部外者の老生には率直に言って分らない。しかし、その一件について、前川某がまず世に発言した。すなわち、前川某がこの件の公的意味をまず与えたのである。

その際、自分の官僚人生における「座右の銘は、面従腹背《めんじゆうふくはい》である」と明言した。つまり、上司の文科相をはじめ、行政全体の上位者（総理や官房長官等）に対して「面従腹背」すなわち従わなかったと言いきったのである。

これは、問題発言である。

まず第一点。前川某は「座右の銘」の意味が本当に分っているのか。

「座右」とは、自分の居場所（座）のすぐそば（右）の意である。だから、「座右」でなく「座左」でもいい。「銘」とは、石や金属にしっかり刻みつけるように「しるす」ことである。すなわち「座右（座左）の銘」とは、「常に近くにあり、深く心に刻みつけて己れの修養の本とすることば」のこと。当然、人間としてそう在るべきことを教える重くすぐれたことばなのである。

ところが第二点、「面従腹背」ときた。この語、どうやら日本製らしく、中国由来の語ではなさそうだ。中国では「面従後言《こうげん》」と言う。中国は古代、伝説上の名君、舜《しゅん》が臣下たちにこう言ったという。自分はいい政治をしたいので、お前たちは私を補佐してほしい。……もし私が誤まったことをしたときは、助けてほしい。その場では私に服従し、退庁した後、非謗《ひぼう》するようなことはするな、と。

つまり「面従後言」（面しているときは従い、後では非難をする）をするな、と言っているのである。

だから座右の銘としては、面従後言をするなと否定するのでなくてはならない。事実、原文には、「面従……後言」という文の上に、その全体を否定する「無」字がある。それで筋が通る。この「無」字を抜いての「面従後言」（面従腹背）とは、悪行の意であり、絶対に

「座右の銘」とは成りえない。

にもかかわらず、前川某は「面従腹背が座右の銘」と公言したのである。こんな輩が文教（道徳教育を含む）行政の長であったとは、信じがたい。人間として悪業をすることがモットーとは。そうか、その理屈からすれば、この男が出会い系バーに出没するのも当然か。古人曰く、予《よ》[*1]〔もし〕違《たが》は（誤まら）ば、汝《なんじ》[*2]〔予を〕弼《たす》けよ。汝　面従し、退《しりぞ》きて後言《こうげん》する（背後であれこれ言う）こと有る無かれ、と。

＊1　予　舜王の自称語。

＊2　汝　臣下への呼びかけ語。

> 予《よ》〔もし〕違《たが》はば、汝《なんじ》〔予を〕弼《たす》けよ。
> 汝　面従《めんじゅう》し、退《しりぞ》きて後言《こうげん》すること有る無かれ。
> 『書経』益稷《えきしょく》

客観性なく空虚なことば――寺島実郎の言説

トランプ氏が次期米大統領と決まった後、メディアは一斉に予想外と書き立てた。かと思うと、今や、もうそんな話は忘れて、日々あれこれトランプ論を書き立てている。ということは、予想できなかったことに対する反省などないということであろう。いわゆる評論家なる者も同様である。いや、反省どころか、いつもの反米論の上に話を乗せていっている。

例えば、寺島実郎「日本も柔軟に政策転換を」（毎日新聞平成二十八年十一月十一日付「論点　トランプ大統領の衝撃」）。彼はこう主張する。トランプ政権はアメリカ伝統のモンロー主義（外国とはお互い干渉しないで行く方針）に帰ったのだから、日本も脱アメリカの転機にすべきである、と。つまり日ごろから反米を唱えているので、離米のいいチャンスという主張である。

これは、トランプ現象に対する精密な分析を行った上での堅固な論理を展開したわけではない。己《おの》れの反米思想にトランプ現象をお手軽にくっつけただけのこと。

こうした評論の筋立ては、もちろんまともなものではない。こう言っている。「日本は安易なナショナリズムに誘惑されることなく、一次元高い視点に立った、創造的な国際関係の目標を持つ地域リーダーとなる覚悟がいる」と。そしてこう結ぶ。「超大国の後退は、理念性の高い自己主張を求めている」と。

こういう抽象的な言説、「理念性の高い自己主張」などという文は、その中身が空虚ということを露呈している。その言、分りやすく言えば「ボクどうしたらいいのか分りません、神様みたいになろうね、みなさん」と言うのと同じである。

一方、南スーダン国連平和維持活動に派遣される陸上自衛隊部隊に「駆け付け警護」などの任務が閣議で決定された当日のデモについての記事（毎日新聞同十五日付夕刊）の表現はひどかった。記者が取材した六十四歳の男性の言葉を大きく見出しに使ってこうである。「そんなに戦争したいか」と。これは、発言者の言葉を利用して（隠れ蓑《みの》にして）自分らの主張をしている。

自衛隊は、断じて戦争をしに南スーダンへ行くのではない。国連加盟国の一員としての立場に立って彼《か》の地に向かうのである。そのことをきちんと説明した上で、反対デモの報道をすべきなのにそうしない。

こうした一部メディアの態度は、前記の寺島言説と同じである。すなわち、固定された観念・立場・意図などがすでにあり、そこへ世の現象を何が何でも結びつけるのである。つまりは、客観性などはじめからなく、報道手段を私《わたくし》している。

それほど反対なら、社論として、日本の国連脱退を主張すべきであろう。そうすれば、南スーダンに行くこともない。それなら首尾一貫し、独自の論といえる。しかし、そのような主張はない。

古人曰く、脂《あぶら》に画《えが》き氷《こおり》に鏤《ちりば》む（彫刻する）ごとく、日を費《つい》やすも功《こう》を損《そこな》ふ、と。

脂《あぶら》に画《えが》き氷《こおり》に鏤《ちりば》むごとく、
日を費やすも功を損《そこな》ふ。

『塩鉄論』殊略

池上彰的物識《ものし》り顔を克服するには

老生、今風に言えばガラパゴス人間、時代遅れの人間である。ITの、AIの、と聞いても、心が動こうとしない。いやまったく動かない。この原稿も毛筆で一字一字と書いている化石人間である。

さりながら、時代遅れそれなりに浮き世を眺めると、これほど面白い芝居はまたとない。しかも無料《ただ》でだ。

先日、トランプ大統領が議会で初演説を行ったが、なんとジャーナリズムの大半が褒めまくっているではないか。つい先日まで罵倒し尽していたのに、掌《てのひら》を反すような態度、それでいいのか。そのジャーナリズムの本質は、こうだ。

無責任——それに尽きる。

無能——それが正体。

無節操——それを隠さぬ厚顔《こうがん》。

とすれば、あの一斉の罵倒は何だったのか。その多くは、優等生の正義面《づら》、そして日本の知識人に多い〈表面上の行儀良く一列並び〉にすぎなかった。

だから、いつまでたっても〈独自の見識〉など生まれようがない。結果、毒にも薬にもならない平々凡々の世間話。とても〈意見や見解〉と言えるようなものではない話ばかりを撒き散らしているにすぎない。

例えば、アメリカ、アメリカ、トランプ、トランプ……と言うのならば、問う。それほど問題にするアメリカが強国である要素とはいったい何なのか、と。そう問うたならば、もちろん凡庸な答が返ってくるだけ。

すなわち、軍事力、経済力、工業力……等が世界第一位であるとかなんとか、幼稚園児並みの内容である。そんなこと、だれでも知っている。

にもかかわらず、自分では〈それがインテリの知識水準を示すもの〉として、なんの疑問も抱いていないどころか、その〈知識〉にぶらさがって、それ以上は考えない。知識の有無が始まりであって同時に終わり。知識量を競うことが第一。これが、〈今でしょ先生〉やら、〈池上彰のなんとやら〉といった物識《ものし》りテレビ番組作りとなっている。

そうではない。教育上、知識は大切であるが、それを山積みするのが目的ではなくて、それを活かすことが目的なのである。

今の例で言えば、強大な軍事力（つまりは核攻撃能力）を有する国家は、ロシアを始めいくつもある。一方、威勢のいい経済力を有する国家は中国を筆頭に、また一方、優秀な工業力を有する国家はドイツを第一に、それぞれ各地に存在している。

しかし、そういう有力国家といえども、世界第一強国の地位をアメリカから奪い取ることができない。なぜか。

老生、時代遅れであるがゆえに正解を出すことができる。こうである。

アメリカは、世界第一位の工業国であると同時に、世界第一位の農業国であり、最近ではそれに加えて、エネルギー源を自国地下から得て自給自足が可能。

つまり、実は、アメリカは、グローバル化などと喚《わめ》かなくとも、モンロー主義（他国との相互不干渉の原則）で国家運営ができる、おそらく世界唯一の国家なのである。他国の世話にならなくとも生存できる――これが世界最強国の大要素となっているのである。

工業国であり同時に農業国である国家は少ない。例えば中国は、工業国になれるかもしれないが、農業国には絶対になれない。見かけは強国であっても、食糧充足ができない張り子のパンダ国にすぎない。

ここである。トランプがモンロー主義的にグローバル化から退き、自国の強化を図ろうとしている政策から日本が学ぶべきことは。

工業とともに、農業を活性化し、食糧（主食）完全自給を可能にする国家的構想によって、日本を強国化してゆくことだ。それは同時に、中国に対する強力な防衛ともなってゆくのである。第一、農業振興は日本人に対して最も好意を持って理解させ得《う》る大政策ではなかろうか。

古人曰く、それ食は、人の天となす。農は、政《まつりごと》の本《もと》となす、と。

それ食は、人の天となす。農は、政《まつりごと》の本《もと》となす。
李世民《*りせいみん》『帝範』務農

＊ 李世民　唐の第二代皇帝の太宗。「貞観の治」と言われるすぐれた政治を行なった。

第4章

憲法

——不善《ふぜん》を見るも、退《しりぞ》くる能《あた》はず。
退くるも、遠ざくる能《あた》はざるは、過《あや》まちなり。

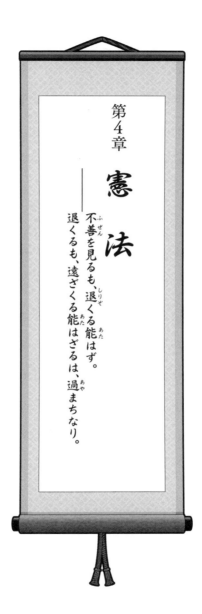

「立憲主義」派の論理破綻——小沢隆一の言説

近ごろの大議論の一つ、憲法問題の前提として、憲法の性格とか、憲法と国民との関係といったことがよく論じられている。

それを要領よくまとめたものが、産経新聞の「金曜討論」というコラムが取り上げた「憲法観」(平成二十五年五月三十一日付)であろう。

このコラムは、賛成者と反対者とにそれぞれ意見を述べさせているので、問題のポイントが分りやすい。

そこにおいて、憲法改正に反対の、東京慈恵医大教授の小沢隆一(政治学)がこう言っている。「憲法とは国家権力を制限するもの」というのが近代憲法の考え方で、世界の主流だ、と。

この小理屈、あちこちでよく出ている。憲法は国家が国民を縛るものではなくて、国民が国家を縛るものであるというわけだ。しかもそれが近代憲法の主流であるときた。

しかし、今は現代であって近代ではないではないか。どうしてそんなに〈昔となった〉近代なるものを拝み奉らなくてはならないのか、私には分らない。

その近代なるものの、中心的かつ具体的イメージはフランス革命であろう。この革命は、市民なる者が力づくで王の首を斬って王制を廃止し、さらにキリスト教を追い出し、代わって自分らが政治権力を握ったというお話である。

そこで、もう王やキリスト教に二度と権力を握らせず、かつまた仮に復権したとしても革命以前のころのような恣意的な権力濫用をさせないぞということの表現が「憲法は国民によって国家を縛るもの」となっただけのことである。

国民の、国家の、と美辞麗句を並べ立てているが、要は権力というドス黒い魔力を巡っての闘争神話、つまり王権旧神話をつぶして市民権新神話を創ったまでのことである。異国のそういう近代神話を、どうしてわれわれ現代日本人が後生大事に守らなければならないのであろうか。

だいたい「近代」ということばが怪しげなのである。明治以来、日本の知識人のそれこそ〈主流〉は、欧米ものの輸入と紹介とが中心であり、その猿マネに熱中してきた。

しかし、「猿マネ」と言うと身も蓋もないので、インテリぶってこう言い換えたまでのこと、すなわち「近代化」と。

けれども、猿マネとは自分の頭では考えないということであるから、つっこまれるとすぐ狼狽《うろた》える。例えば、前記の小沢某は「〔公務員以外の〕国民には憲法を順守する義務はない」と断言する。国家が憲法を順守すべきだからだ。それなら、憲法第三〇条「国民は、法律の定めるところにより、納税の義務を負ふ」はどうなるのだ。小沢流なら、国民は憲法を順守する義務はない、すなわち〈納税を順守する義務はない〉となるではないか。お、われわれ一般人は税金払わなくていいじゃん、なのか。

さすがにこれに困ったのだろう、「新日本国憲法ゲンロン草案」（東浩紀らに依る）なるものでは、国民の三大義務（教育・勤労・納税）を削った。ただし、行政のトップに徴税権を与えている。これならまだ筋は通る。

しかし、ゲンロン草案に立つのではなくて、現憲法に立つのならば、小沢某はどう答えるのだ。答えられないではないか。あのそのこのそのと狼狽《うろた》えるだけであろう。

小沢某に限らず「近代憲法とは国家を縛るのであって……」という緊縛、いや筋縛？いや近〔代化〕縛？　の連中は、猿マネであって自分の頭で考えていないから、無残な論理破綻に陥る。この種《て》の教授を今風に言えばB層（もう古語かも）教授と言うのだろう。

憲法は縛るの縛られるのという次元のものではない。十七条の憲法以来、道徳が基盤にあり、その上に立つ法というのが、東北アジアの歴史なのである。道徳の中心となっているものは、人の世の必ず心がけなければならない在りかたである。その上に立たない法などありえないではないか。

憲法をひたすら〈近代〉という狭い管《くだ》で見るから、〔天・地や〕広大な歴史が見えないのだ。

古人曰く、管を用ひて天を窺《うかが》ふ、と。

〔小理屈の意見は〕是れ直《ただ》に管《くだ》を用ひて天を窺《うかが》ひ錐《きり》を用ひて地を指すなり。〔その見解は〕亦《ま》た小ならずや。

『荘子』秋水

「その時だけの絶対反対」の法律感覚

平成二十五（二〇一三）年の特定秘密保護法案に対する反対の大騒ぎは、いったい何だったのだろうか。

「絶対反対」と称した以上、法案成立後も反対運動を続けるべきではないのか。国会周辺において絶対反対のデモをずっと続けるとか。

しかし、そのような有り様はどこにも見られない。どうしてなのだ。

似たようなことは、過去においていくつもあった。例えば「六十年安保」――これは昭和三十五（一九六〇）年六月に成立した現日米安保条約等に対する反対運動のこと。

たまたま老生はその年の三月に大学を卒業したので、そのころの激しいデモのことをよく覚えている。革命前夜の熱気だった、彼らにとっては。

一方、老生は札つきの〈保守反動〉学生だったので、一連のデモを冷ややかに見ていた。

ただ一つだけ彼らに敬意を表したことがあった。それは、デモの前方に止まっていた乗用車をデモ先導学生の一部が取り囲み、問答無用と運転手を押しのけて乗りこみ、車を運転して別の場所に移したこと。老生、感嘆した。奴らには車を運転できるのがいるんだ、と。当時、車の運転ができる者は、関係業者を除けば、金持ちしかいなかったからである。今と時代が違う。フーン金持ちの子か、と驚いたものだった。

さてしかし、法案が成立すると、反対デモは雲散霧消。おかしいではないか。絶対反対ではなかったのか。なぜその運動を続けないのか。

その理由は、法律に対する日本人の原感覚がいわゆる〈進歩的知識人、文化人、学生〉らにもやはりあるからだと思う。

日本人の意識では、法律が成立すると、その法律は神棚の中の神のようになり、神として崇《あが》め奉《たてまつ》られる。当然、神頼み。法律神は国民の上に鎮座坐《ましま》し、それを崇める日本人は、当然のようにそれにぶらさがり御利益《ごりやく》を、御利益をと求めるばかり。いつのまにか、自分たちが作ったということを忘れ、絶対不動のありがたや節《ぶし》を唱えることとなる。

早い話が〈表現の自由〉。憲法第二一条に「これを保障する」と明記している。すると〈表現の自由〉なるものが神棚にドーンと鎮座坐《ましま》しているのじゃと喚《わめ》き、それにぶらさがるというのが日本人。進歩的なんとやら派もまったく同じ思考と行動とをする。

冗談ではない。〈表現の自由〉は神棚になど存在していない。いや、それどころか、いくら探してもどこにも存在していないのだ。

しかし、存在する。どこにか。それは、意見や文章などを述べたり書いたり編集したり発行したりする〈表現〉行為において、〈表現の自由〉を明確に意識し、守る覚悟をするときに、はじめて存在するのである。それは絶えざる苦しい努力であり、その重みに崩れそうにさえなる。

そういう意識や覚悟のない者に限って、どこぞの高処《たかみ》に〈表現の自由〉が坐《まし》ましていると妄想している。そこには覚悟などはない。尻《けつ》の一つも蹴とばされると、すぐ参りましたと謝るような連中なのである。

〈知る権利〉も同様である。此度《このたび》の特定秘密保護法案審議の折、〈知る権利〉がなくなると称した連中が多かった。そんな権利など、同法成立以前にも以後にもないのである。知らねばならない必然性の下に、知ろうと意識し努力することによって始めて〈知る権利〉が姿を現わす。関係法律があろうとなかろうと関わりなく、〈知ること〉への必然的努力の集中と覚悟とがあってはじめて〈知る権利〉が実体化し、実質化されるのである。

表現の自由、信仰の自由、学問の自由、大学自治の自由……といった〈自由〉や〈権利〉

は、すべて同じく、己れがそれを守ろうとする努力や覚悟を積み重ね続けなければ存在しないのだ。

法案が成立したからデモはやめて終わりでは情けない。彼らは、単なる野次馬であり、なにも本気で考えたことのない空虚な大衆ということである。

古人曰く、土　積もりて山阜《さんぷ》（山や丘）を成し、水　積もりて江海（川や海）を成し、行《おこない》積もりて君子を成す、と。

土《つち》　積もりて山阜《さんぷ》を成し、
水　積もりて江海を成し、
行《おこない》　積もりて君子を成す。

桓寛《かんかん》『塩鉄論』執務

矛盾の極致の憲法前文

何新聞だったか忘れたが、日本国憲法、特に戦争放棄を世界記憶遺産に登録する運動をしている女性の紹介記事があった。

御苦労な話。あの欠陥憲法をひたすらありがたがる信仰告白みたいな話だけなのに。

この種《て》の信仰派の外、いわゆる護憲派によくある主張は、こうだ。前にも紹介したことがある（一四〇〜一四三頁）が、近代憲法とは「国民が国家に対して、憲法の文言を実現せよと義務づけた要求である」という主張。この派を仮に近代憲法論派と名づけておこう。

そこで老生は、それでは憲法の「［納税の義務」第三〇条　国民は、法律の定めるところにより、納税の義務を負ふ」はどういうことになるのかと、先回、問うたのである。

つまり〈国民の納税は国家への義務であることを国民に守らせるよう国家に義務づけた〉という話になる。言いなおせば〈国民は自分らの義務を国家によって義務づけさせる〉となる。おかしい。〈義務〉と称する以上、そこにすでに〈みずから……ねばならない〉自律を含む。にも拘《かか》わらず、それをさらに国家が〈義務づける〉とは、自律を他律化する話となってしまっているではないか。

近代憲法論派の主張は、国民と国家とを対立関係として捉えるために、権利のときはまだしも、義務のときには話が通らないという矛盾が露《あら》わとなる。

その極致こそ憲法の前文である。前文の最後三行は、それより前の叙述を受けて「日本国民は、国家の名誉にかけ、全力をあげてこの崇高な理想と目的を達成することを誓ふ」とある。この文、どう読んでも、主語は「日本国民」、述語は「誓ふ」、直接目的節（語）は「……を達成すること」である。

とすれば、日本国民はいったい〈だれ（間接目的語）に誓う〉のか。天にか、神にか、大東亜戦争の主敵であったアメリカ軍その他の国々（国際連合国）にか、日本国民たがいにか。それが不明な上、もし近代憲法論に乗れば、「日本国民は……誓ふ」ことをさせるように国家に義務づけさせる、となる。すなわち国家が国民に誓わせるという強制となる。そうなると、近代憲法論派の〈憲法の内容を実質化させることを国民が国家に義務づける〉ことと正反対の話になってしまうではないか。

こうした老生の疑問は、誰か識者がすでに論じているかもしれない。もしそうであったときは、老生の博捜《はくそう》が足らず、尊名を引用できなかった非礼、御寛恕《ごかんじょ》を乞う。

因みに、第五七条もひっかかる。同条①項には、衆参両議院は秘密会を開くことができるとあり、②項において、なんと「秘密会の記録の中で特に秘密を要すると認められるもの以外は、これを公表し、且《か》つ一般に頒布《はんぷ》しなければならない」とあるではないか。

とすれば、近代憲法論派は〈公的な秘密記録は残すように国家に義務づけるべし〉と主張せざるをえず、国民の知る権利は国会の秘密記録には及びえないと言わざるをえない。

となると、平成二十五（二〇一三）年度の特定秘密保護法反対とは何だったのか。メディア（特に朝日・毎日）は「秘密とは何か」と攻撃し、反対運動に狂奔《きょうほん》していた。しかし彼らは、憲法第五七条に公然と記されている「秘密」や「秘密記録」の意味について問い、それと連関しての特定秘密保護法について論じたことなど皆無であった。内閣も「秘密」やその記録の概念や定義を憲法五七条の含意《がんい》や条文解釈資料等に基づいて答弁していなかった。反対派は、〈秘密やその記録〉を大問題とするならば、五七条に公然と記されている「秘密」等も批判すべきであろう。

近代憲法論派や反対メディアらは、御都合主義的言動をしているにすぎない。まともならば、己れの考えを十分なものとするために一つ一つ確《たし》かめながら進み、矛盾なき主張を練り上げるべきである。
古人曰く、〔次々と水が湧き現われ〕科《あな》〔窪地・欠点〕に〔残らず〕盈《み》〔満〕ちて而《しか》る後に進み〔遠くに行き、ついに広い〕四海に放《いた》〔至・達す〕る、と。

原泉《げんせん》　混混《こんこん》として〔湧き〕、昼夜を舎《お》かず〔区別せず〕〔絶えず流れ〕、科《あな》に盈《み》ちて而《しか》る後に進み、〔遠い〕　四海に放《いた》る。
『孟子』離婁《りろう》下

近代憲法は経典なのか――島田雅彦の言説

平成二十七（二〇一五）年も、五月三日の憲法記念日前後、憲法に関する寄稿が新聞紙上に毎日のように載った。

そのすべてを読んだわけではないが、いわゆる憲法学者先生の砂を噛《か》むような乾いた文章は少なく（おそらく評判が悪いからであろうが）、いろいろな領域の人の文章やルポルタージュが多いように思った。

それはそれでよい。しかしながら、そこはド素人の悲しさ、ボクは一生懸命にガンバッテ書いていいます。皆さん、努力賞を下さいね、という甘えを撒《ま》き散《ち》らしているような文章に出会うのは、うんざりである。

例えば、作家と称する島田某。どういう作品を書いているのか、全然知らないが、寄稿文（朝日新聞五月二日付オピニオン欄）を読むかぎりでは、作家にとって最も必要な想像力がまったく欠けているので、作家としての力量の程度がほぼ分る。

それはともかく、その寄稿文のタイトルを見て仰天した。なんと「憲法という経典」と来た。もっとも、タイトルは編集関係者が付けることが多いので、これは朝日新聞の意志かもしれない。しかし、そんなことは業界裏話にすぎず、一旦、公表された後は、筆者本人が全責任を負うのが当然である。

さて、「経典」とある。「経典」には、読み方が二種ある。一つは「きょうてん」、これは信仰の本となる文献のことで、諸宗教にそれぞれ「きょうてん」がある。いま一つは「けいてん」。実は「経」字の音には呉音《ごおん》の「キョウ」、漢音《かんおん》の「ケイ」の二種があり、我国では奈良・平安期に混乱していた。そこで菅原道真が、仏教関係は呉音、漢籍関係は漢音で読めと定め、以後、大体はそれに沿ってきた。そこで、儒教における重要な文献を「けいてん」と読むのが正統的。

では、島田某はどういう立場か。こう書いている。「聖書がキリスト教世界の共通の倫理である博愛、寛容、自由の処《よ》りどころであるように、憲法も日本人の倫理の経典であり続けた」と。

驚くべき発言である。日本国憲法は法律ではなくて、倫理の経典であると言うのだ。この日本国憲法は、曲《まが》り形《なり》にも、ともかく国会において承認された法律である。その憲法が「倫理の経典」であると言うのならば、〈倫理〉を国会が決めたということなのか。

一般論的には、倫理・道徳は、良心に従って選択し実践するのであって強制されるものではない。法律は、義務であり強制される。一般的には、そういう相違として説かれる。倫理道徳は良心に依り、法は義務に基づく――これは〔西欧的ではあるが〕倫理学・法学の基本の基である。

となると、島田某の約三千字もの発言のすべてが、がらがらと崩れてゆく。彼の意見は、倫理学的にも法学的にも通らない。護憲論者は、島田某のこの珍論をどうするのか。同意し守ってゆくのか、しかと答えよ。

島田某の珍論は通らない。そういう通らない話をそのまま載せるのが〈表現の自由〉ということになるのか。そうではない。こういう珍論に対しては、編集の権威に賭けて書き直させる、或いは没《ぼつ》にすべきであろう。

それができていないということは、朝日編集関係者に池上彰事件（担当コラム欄の文章を没にし、後に謝罪）の後遺症があるということか。情ない話である。

五月三日、同紙は「憲法を学ぼう、憲法を知ろう」と題し、ふだんは足を剝き出しにして踊っているAKB48の女の子と、三十五歳の若造《わかぞう》（「わかづくり」ではない）憲法学者木村某との対談（記者が構成）が出た。内容は中学生レベル。こんなものを全国紙が出す必要があるのか。ただ一つ、救いがあるとすれば、改正についてまったく触れていない点か。しかし分らぬ。この対談は観測気球で、次回対談で護憲、護憲と二人で歌って踊って……かも。

古人曰く、不善《ふぜん》〔なる者〕を見るも、退《しりぞ》くる能《あた》はず。退くるも〔そこまでであって〕、遠ざくる能はざるは、過《あや》まちなり、と。

不善《ふぜん》〔なる者〕を見るも、退《しりぞ》くる能《あた》はず。
〔たとい〕退くるも　遠ざくる能《あた》はざるは、過《あや》まちなり。
『礼記』大学

左筋には憲法違反も許される —— 長谷部恭男の言説

世の中、わけの分らないことが多い。もちろん、世の常識という〈わけ〉、の話である。例えば、「子ども連れで泊まるところがない」といううそをつき、人から現金をだましとっていた三十代夫婦が詐欺容疑で逮捕されたという記事があった（毎日新聞平成二十七年十二月五日付）。

その記事に拠れば、四年間、ホテル暮しを続けていたとのことであるが、八歳の娘を出《だ》しにして同情を買っていたという。

その夫婦のことはどうでもいいが、八歳のその少女が不憫《ふびん》でならなかった。八歳と言えば、小学校二年生か。もちろん学校生活を知らず、これから先、どうなってゆくのであろうか。

またこんな記事があった。沖縄は名護市の米軍キャンプ・シュワブ前では、普天間からの基地移設に反対の抗議活動として早朝から座り込みがあり、五百日目になるという（共同通信平成二十七年十一月十八日付）。

座りこみの一人の金城《きんじょう》某は五十八歳で無職とある。この人、生活費はどうなっているのであろうか。五十代であるにもかかわらず、働かないで、中心メンバーとして座りこんで反対を叫んでいる。ここが分らない。〈結構な御身分で〉と思うだけである。

例えば詐欺をせずに収入があるとは、要するに、豊かな生活を送っている人ということではないのか。あるいは、誰かから、どこかから、日当でももらっているのかと勘ぐりたくなるが、ま、そういうことはなかろうとしておこう。

外国の話となると、もっとわけが分らない。

ミャンマーで総選挙があり、アウンサン・スーチー率いる国民民主連盟という政党が圧勝した。当然、党首スーチーが大統領となるはずなのになれないという。なぜなら、家族に外国籍の者がいると規程に反するからだとのこと。

それなら、離婚・離縁し独身になれば有資格者になれるではないかと思うのであるが、どうやらその道は取らないらしいので、このままでは大統領になれない。

すると、スーチーはこう公言した。自分は大統領の上の立場に立つと。

驚くべき、いや、恐るべき発言である。それは、新大統領に対して、院政を布《し》くということではないか。もちろん法的地位ではないので、言うこと為すことすべて法的責任はなく、一切の法的追及は免除されるということになる。すなわちいかなる罪にも問われない独裁者となるということだ。スーチーは軍事独裁政権を批判し続け、総選挙で勝利したのであるが、なんのことはない、今度は己れ自身が独裁者となることを公言しているのである。わけが分らない。

我が国の話にもどろう。先の安全保障関連法案審議の折、自民党参考人として登場し、憲法を守れと称し、一躍、時の人となった早大教授の長谷部恭男《やすお》（憲法学、公法学）が、次のような驚くべき発言をしている。「みんなで議論し、最終的に多数決で決めれば、正解にたどりつく蓋然《がいぜん》性はある。でも、みんなで決めたことだから正しいという主張に根拠はない。多数決で間違った決定をすることも珍しくはありません」（朝日新聞二十七年十一月二十九日付）。

要するに、多数決の否定である。なんのことはない、この長谷部某の本質は多数決の否定の延長上にある独裁者登場願望である。表面は多数決による民主主義派と見せかけて、実はスーチーと同じく独裁政治願望。それがこの男の正体である。

もし憲法を守れ守れの大合唱をするならば、完全に憲法に反するものに対して、それこそ絶対反対すべきである。例えば、同性婚がそれである。憲法第二四条には、明確に「婚姻は、両性の合意のみに基いて成立し」とあるではないか。両性とは男性と女性のことである。すなわち、同性の婚姻は明確な憲法違反なのだ。にもかかわらず、例えば、兵庫の宝塚市長、中川某女は、なんとそれを条例で公的に推進している。憲法違反そのものではないか。同性婚の法的承認は、憲法改正をするほかないのである。このことについて、憲法学者とやらの長谷部某、答えてみよ。

古人曰く、大志　有る者〔は〕、時に亦《ま》た大言有り。大言を好む者、必ずしも大志有らず、と。

大志　有る者、時に亦《ま》た大言有り。
大言を好む者、必ずしも大志有らず。
宋代・劉炎《りゅうえん》『邇言《じげん》』立志

日本共産党は改憲勢力である

平成二十六（二〇一四）年も暑い季節が来た。いや気候だけではない。政治も熱い季節。もちろん、それは集団的自衛権の問題である。

政治は、それこそ一寸先は闇であるから、事はそう簡単ではない。しかし、今、安倍内閣が進めている、憲法第九条に対する政府解釈という方式は多分通ることであろう。

それはそれで良い。けれども、この第九条に限らず、現憲法に欠陥が多いことは事実である。廃憲といった主張が出てくるのもやむをえない。成立事情から言っても。

しかし、廃憲を実質化しようとすれば、厖大なエネルギーと時間と、そして政治勢力を拡大するために必要な過程とを考えると、現実的ではない。正しいことが、必ずしも実現されるわけではない。

とすれば、改憲という道が現実的である。安倍内閣は、集団的自衛権問題に一定の結果が出た後、当然、改憲に進むべきである。そして改憲という形で廃憲論者の〈廃憲後の新憲法構想〉をも取りこんでゆけばよい。

さて、そうなると、政治は改憲の季節となる。もっとも、加憲と言う人がいるようであるが、加憲も改憲ではないか。ことばを加えるのであるから、当然に改憲となる。

すると最終的には、立場は二つしかない。改憲と護憲とである。

改憲派の代表を自民党とすれば、護憲派のそれは、今やミニ政党に零落《おちぶ》れた社民党（旧社会党）である。いわば旧五五年（西暦）体制当時の二大政党の対立である。

しかし、社民党などという今は吹けば飛ぶようなミニミニ集団ごときが、対立政党とみずから言うのはおこがましく、問題にならない。

にもかかわらず、世には護憲派と称して大きな顔をしている社民党系の連中が、かなり多い。その中身は、大学教員・弁護士・組合活動家・ジャーナリスト等々といったいわゆる〈インテリ〉である。もっとも、真のインテリかどうかは分らない。

こういう連中を動かしているのは、実は、社民党ではなくて、共産党なのである。すなわち、護憲派を指導しているのは、共産党ならびにその同調者・親近者である。

となると、共産党が護憲派の中心政党に見えるが、そうではない。共産党が護憲派面《づら》しているのは偽りの仮面であり、みなそれに騙《だま》されているのである。

それは、どういうことか。

共産党こそ、現日本国憲法を否定し、改憲しなければならないはずだからである。その最大理由は、「第一章　天皇」にある。すなわち、共産党は、その主義主張からすれば、天皇を否定しなくてはならないではないか。天皇を中心に、皇室を廃止することこそ共産党の使命なのである。

因みに、国会の開会時、天皇は国会議事堂に行幸《ぎょうこう》される。そしておことばを述べられるが、そのとき、共産党の国会議員は議場を退出して不在である。天皇を蔑《ないがし》ろにすることを今も実行している。これすなわち、現憲法「第一章　天皇」の否定以外のなにものでもないか、退出という姑息《こそく》な行為を通じての。

かつて国際共産主義者どもは「天皇制」という造語をして皇室を卑《いや》しめてきた。その主張は今も変わっていないはずである。

ならば、現憲法発布以来、約七十年、日本国民において改憲の気運が高まっている今こそ、共産党は天皇・皇室を廃止する改憲を堂々と唱えうる好機会ではないのか。

もし護憲と称して現憲法の改正に反対するとあれば、皇室の存続の肯定を明示すべきである。もし明示しないとすれば、それは国民を騙すことに他ならない。共産党にとって、今こそ絶好の機会である。天皇・皇室の廃止を筆頭に、共産党らしい改憲を唱え、自民党の改憲案と真向から対決すべきではないのか。そうあってこそ真の共産党である。

古人曰く、今日《きょう》　為《な》さざれば、明日　貨《たから》（宝・タイミング）を忘る（失なう）。昔日《せきじつ》　已《すで》に往《ゆ》きて、〔再びは〕来たらず、と。

＊　近ごろは退出しない。しかし、それは戦略なのであろう。その意味・意図は不明。

今日　為《な》さざれば、明日　貨《たから》を忘《わす》る。
昔日《せきじつ》　已《すで》に往《ゆ》きて、〔還《かえ》り〕来たらず。
『管子』乗馬・失時

第5章

戦争

——耕やす能《あた》はずして、黍粱《しょりょう》を欲す。織る能はずして、采裳《さいしょう》を喜ぶ。

一面的戦争観を煽情に使うな——米谷ふみ子の言説

亡霊——これはおどろおどろしい。しかし、死者であるから対処のしかたもある。けれども、亡霊さながらの生者、これは困り者。生きているのやら、死んでいるのやら、はっきりしないまま現われる。

その典型が米谷ふみ子・作家。平成二十六（二〇一四）年二月四日付朝日新聞夕刊（東京版）に「目覚めよ！　75歳以上の年寄り」という文を寄せている。

どういう作家なのか、作品を読んだことはない。ま、右の寄稿文のようなそういう人と理解した。一九三〇年生まれとあるから八十三歳か（平成二十六年当時）。反米のようであるが、在米。

この米谷某女の文は、まさに雑文の典型で、そこには〈論〉というものがない。まして〈学〉はない。ひたすら自己の狭い経験をあれこれ書き散らかして、要するに「戦争反対。安倍晋三首相は戦争をしようとしている。安倍政権に反対」を言う。

そういう下らない雑文など黙殺すれば終わりなのであるが、あえて取りあげたのは、その文に、漫才いや一人だから漫談か、それも下手ゆえのおもしろさがあるので、諸氏に紹介を、というわけである。

まず始めに、「戦争を覚えているのは七十五歳以上の人々だ。……最近、記憶力を保つためにマージャンをしている年寄りが多くいると聞いたが、あの悲惨な戦争の体験を思い出し、繰り返し若者に話す方が、よっぽど記憶力活性化の役に立つのではないか」と来た。今時《いまどき》、まともな老人は、マージャンなんかしてませんて。もうそこでこけている。戦争体験と言っても、直接に軍人として出征した人以外の者、例えば老生の場合、敗戦時、国民学校（今の小学校）三年生、桜組（クラス名）小隊長（級長。今の学級委員）の老生はどうか。「撃ちてし止《や》まん鬼畜米英」（今ならヘイトスピーチか）と同級生を指導していた。敗戦後は、米英への復讐を誓う作文をいつも書き、教師は困っていた。

その私が、「鬼畜米英」と戦争体験を語り、記憶力活性化に努めるのですか。

米谷某女は、戦中、金属の寄付をさせられたが「返してもらっていない。政府に騙《だま》されたという思いは今も消えない」と怨む。

これはおかしい。わが家は供出しなかった。貧乏人だったからである。某女は「貴金属を取り上げられた」と言う。金持ちだったからだ。第一、略奪されたと言わず、寄付（当時は「供出」と言った）と言う以上、返却を求めるのは虫がよすぎる。幼児なみの思考である。気は確かか。

さらに昭和二十年三月の大阪大空襲を挙げ、死体があり親とはぐれた子供が大阪・梅田の地下街に屯《たむろ》していた。「政府は炊き出しなんてしてくれなかった」と来た。当たり前である。戦争当時、突然の大空襲であり、官庁とて彼らの想定を遙かに越える物量攻撃だったのである。戦争当時、老生、子どもながら見ていたが、注水訓練と称してバケツで水をぶっかける訓練程度しかしておらず、それはまったく役に立たなかった。官庁自身、態勢の立て直しが精一杯だった。炊き出しの期待などだれもしていなかった。この老婆には、政府はなんでもしてくれるという今風の甘えがある。

さてその次、「食べる物はなく、トイレもない。私が通学で使った駅の水洗トイレは断水で詰まっていた」との段に至っては、金持ちのカマトトさまの亡霊さながら。

当時、水洗トイレは、大都会の駅やビル以外にはなかった。トイレと言えば、ほとんどが汲み取り式。駅といえどもほとんどがそれ。第一、国鉄（今のＪＲ）の車両に付いていたトイレは、全国すべてそのまま下へ、つまりは外へ、しとばしだった。国鉄全路線は、同時に糞尿しとばし路線だったではないか。水洗などはなかった。で、水洗トイレがないから用を足せない？　そのときは、露天で用を足す野糞《のぐそ》が常識。「トイレもない」などとカマトトぶるでない。

という調子。これが非軍人の〈戦争体験〉とは笑わせる。小さな、しかも一面的な話。こういうのを煽情的《せんじょう》・喚情的作文、すなわちアジテーションと言う。

古人曰く、命《めい》を知る者は天を怨《うら》まず。己《おの》れを知る者は人を怨まず、と。

命《めい》（宿命）を知る者は天を怨《うら》まず。
己《おの》れを知る者は人を怨まず。

前漢・劉向《りゅうきょう》『説苑《ぜいえん》』談叢《だんそう》

護憲チンドン屋——鈴木邦男・なかにし礼の言説

平成二十六（二〇一四）年七月一日、集団的自衛権が閣議決定された。それ以前の約半年、朝日新聞や毎日新聞などが中心となって反対運動をしていた、連日。その際、さまざまな方面の人に反対論を述べさせていた。共通点は一つ——日本は戦争に巻きこまれ、若者は死んでゆく、これであった。

しかし、七月一日からずいぶん経《た》ったのに、日本はまだ戦争に巻きこまれていない。いつになったら戦争になるのですか。半年先ですか、五年先ですか、十年先ですか、お答えください。答えられないではないか。

それは無責任というものである。大声のあの反対論は、単なるアジテーションということになる。感情論、いや論などはない。感情絶叫にすぎない。その絶叫運動に使われた連中から二人を選んで取りあげてみよう。

まず一人は、新右翼団体とやらの一水会の鈴木邦男・元顧問。この人物について私はなにも知らないが、平成二十六年三月一日付毎日新聞・同七月十八日付朝日新聞に載っているインタビュー記事を読んだ。

曰く、「中国や韓国に意図的にけんかを売って反感を導き出し、求心力を高めようと利用している感じがする」と政府批判。驚いた。逆ではないか。「中国や韓国に」ではなくて、「中国や韓国が」ではないのか。仮に百歩譲ったとしても、「けんか」とは具体的に何を指すのか。おそらく尖閣諸島の国有地化を念頭に置いての発言であろう。

しかし、それをしたのは、民主党の野田政権である。とすると、けんか仲間の民主党が安倍政権の集団的自衛権の閣議決定に反対するのはなぜなのか。整合性のある説明を鈴木某はすべきである。できるのか。

一方、米国に押し付けられた憲法は「きちんと見直すべき」と言いながら、「今の政府で改正すればもっともっと不自由になり、国民を縛る憲法になる」と左翼顔負けの護憲の上、なんと「自由のない自主憲法になるよりは自由のある押し付け憲法の方がいい。形じゃない」と来た。右翼ももう終わりである。

もう一人は、なかにし礼という作家・作詩家。「作詞家」という名称はあるが、「作詩家」とは初めて目にした。そうか、詩才ある詩人は〈詩を書く〉が、才能のない者はこねくりまわして〈詩を作る〉ので作詩家か。事実、その通りで、なかにし某が集団的自衛権の閣議決定に反対して〈作った詩〉「平和の申し子たちへ――泣きながら抵抗を始めよう」(七月十日付毎日新聞夕刊)なる代物《しろもの》は、アジビラ調で人の心を打つ句は一つもなく、根本的に言って詩の体《てい》をなしていない。後述の「海江田万里の下手な漢詩」(二〇〇ページ)参照。

第一、法治国家としての三権分立の意味すら分っていない。「平和憲法は粉砕された……こんな憲法違反にたいして／最高裁はなんの文句も言わない」と来た。冗談ではない。訴訟の第三審が最高裁なのであって、例えばなかにし某が、法的に文句があれば、地裁にまず訴えるのが筋。最高裁(司法)が内閣(行政)に対して、防犯カメラのように絶えず監視しているとでも思っているのか。

同詩の核心は「若き友たちよ！／君は戦場に行ってはならない／なぜなら……平和しか知らないんだ／平和の申し子なんだ……たとえ国家といえども／俺の人生にかまわないでくれ……俺は平和が好きなんだ／それのどこが悪い？……泣きながら抵抗を始めよう……平和のために！」である。

気は確かかと言いたい。外国が日本を侵略してきたとき、泣きながら平和平和と唱えるのか。詩中のその〈抵抗〉も、だれが何に対してなのか、なにも記していない。ただ泣けと言うだけである。これでは三歳の童児にも分らない。泣いてどうする、外国人が日本人を殺そうとしているとき。まったくわけの分らない雑文である。

引用した詩を読むかぎり、なかにし某に詩才はない。お座敷がかかると引き受けるチンドン屋みたいなものである。厚化粧のチンドン屋は騒ぎながら通りすぎて消えてゆく。

古人曰く、〔秀〕詩には別材（格別の才）あり。書（知識）に関わるにあらず。詩には別趣（豊かな情趣）あり。理（議論）に関はるにあらず、と。

〔優れた〕詩には別材〔秀でた才能が見える〕あり。
書（知識）に関わるにあらず。
〔心を打つ〕詩には別趣〔を感じる〕あり。
理（議論）に関はるにあらず。

宋・厳羽『滄浪詩話』詩辨

安物インテリの「絶対反対」の笑止

大騒ぎの中で、平成二十七（二〇一五）年九月、安保関連法案が成立した。この法案に対して「絶対反対」と唱え、戦争がすぐにも始まるとし、若い人を戦争に送りださないと喚《わめ》きちらしていた左筋の連中（もちろんメディアも含む）に問いたい。

「絶対反対」の「絶対」ということばは重い。「絶対」と言う以上、当然、このことばの意志を貫ぬくべきである。すなわち、これからどういう絶対反対行動を取るのか。

例えば、メディアの伝えるところでは、山口二郎・法政大学教授は、安倍首相を「たたき斬ってやる」と集会で公言したという。

ならば、たたき斬ってもらおうではないか。行動左翼として率先テロをなすべきだ。できるのか。できはせん。顔を見たら分る。山口某の雰囲気は昆虫系であり、とてもドスを握っての面構えではない。彼の前で、棒ででも床をドンと突けば飛び上り、真《ま》っ青《さお》になって逃げてゆくことであろう。バッタのごとく。その種の安物インテリ、例えば愚劣な大学教員は、老生、昭和三十一年大学入学以来、いやと言うほど見てきた。

十月四日、たまたまNHK日曜討論を観ていた。渡辺啓貴・東京外国語大教授、滝澤三郎・元国連難民高等弁務官事務所駐日代表、石川えり・NPO法人難民支援協会代表理事らの意見は、難民問題の表面だけをなぞっての安易な口だけヒューマニズム。「シリア難民、可哀想。日本政府、難民入国を」と言うだけ。

それなら、まず自分からこう言え。「難民をわが家に住まわせます」と。なんでもかんでも政府がカネを出せ、面倒を見ろと言うのが、安物インテリ。まともな行動を伴わず、自分の頭で具体策を考えることができず、空虚な観念論、一般論。

ただし、この番組中の高岡豊・中東調査会上席研究員は、非常に現実的で真っ当《まとう》な意見だった。経歴・思想未詳だが、この男、できる。

と書いてきて、ふっと思った。安保関連法案反対運動のデモのことだ。

左筋メディア、ならびに安物インテリどもは、デモで話題となった、若者の集まりのシールズ（SEALDs）とやらが、自然発生的であり、若者が自分で考え、自分で政治に目覚め、自分の意志で参加し行動した新しい動きだと、「自分で、自分で、自分で……」と絶賛していた。

愚かな話である。大嘘である。

七十年も前、老生、幼少のころ、いちばんわくわくしたのは、チンドン屋の行列であった。太鼓にラッパ、そして鉦《かね》。厚化粧してチョンマゲに丸髷《まるまげ》――異空間を作り出して市場《いちば》や催し物のチラシを手渡す。そして立ち止っての口上――トザイ、トザーイ、トーザイ（東西、東西、東西）と芝居調。

その文語調、堂々たる態度、そして音楽効果――子どもの心を捉えて放さなかった。で、どうなったかと言うと、やがてチンドン屋一行は演奏しながら次の地点に移ってゆくが、なんと、子どもがそのあとをぞろぞろ付いてゆく、追《つ》いてゆくのであった。商売としての、派手で現実離れした言動のチンドン屋、そしてぞろぞろ追《つ》いてゆく多くの子ども。

この風景、デモに重ねてみるがいい。チンドン屋の現実ばなれ、演技のパフォーマンス、これこそ安物インテリのアジ雑文や左筋メディアの煽情的報道そのものではないか。それにひっかかって、付いてゆく、追《つ》いてゆく子どもこそ、今、目の前にあるシールズの姿そのものではないか。

チンドン屋と追っかけの子どもという風景は昔からあった。子どもはただ面白がって

「自分で判断し、自分の気持ちのままに、自分としては最高、自分は……」と自分、自分、自分の行動を起こしていただけのこと。チンドン屋の派手派手異空間に圧倒され、無分別のままにフワフワしていただけのこと。数日もすれば、チンドン屋への関心は消散。

昭和二十〜四十年代学生運動の本質とはそのようなものだった。現代のシールズはその亜流にすぎない。なにが新しいものか。

古人曰く、〔演技として〕歌・舞するや、悲・麗（心からの悲歌や麗舞）を為すを事《こと》（つとめ）とせざるは、皆　根心《こんしん》（心からの気持ち）の者有るなければなり、と。

歌・舞するや、悲・麗を為《な》すを事《こと》とせざるは、
皆　根心《こんしん》の者、有るなければなり。

『淮南子《えなんじ》』詮言訓《せんげんくん》

空理空論の反戦騒ぎ——加藤典洋の言説

老生、今年の初詣は近くの小神社。そのあとは、することもなく、行くところもなく、平平凡凡にテレビを観ていた。老人の生活である。

テレビはどれもこれもただガチャガチャ騒々しく玩具箱をひっくりかえしたようなさま。その中で、ふっとAKB48の歌が出てきた。もちろん、手を振り足を振りしての御出座《おでま》し。

その歌詞を聞いて驚いた。自分たちは戦わない、愛を信じてるから、と来た。

反戦歌である。要するに〈行動として〉戦わない。その代わり、相手に対する愛を信じている、つまり愛があるので、愛で相手をやさしく包みこむ、と歌う。

愚かな話である。そんな高尚なことができるのは、神、それも一神教における全知全能の神のみである。その神になろうというのである。短いスカートで跳ねまわって踊っている、あの小娘集団が。

これ以上のギャグはない。呵呵大笑《かかたいしょう》。なら、こうも言えよう、次々と。

自分たちは戦わない。生命《いのち》が惜しいから。
自分たちは戦わない。バイトがあるから。
自分たちは戦わない。デートがあるから。
自分たちは戦わない。飲み会があるから。
自分たちは戦わない。試験があるから。

その程度の〈愛があるから〉である。

そうした空理空論が世に蔓延《はびこ》っている。例えば、平成二十七年のこと、NPO法人「難民支援協会」など難民支援に関わる十四団体が、九月二十八日、シリア難民を国内に受け入れるよう安倍晋三首相宛の申入れ書を政府に出した（毎日新聞九月二十九日）。冗談ではない。日本人において日々の生活が大変という人々がたくさんいる。そうした人々の救済はさておき、外国の難民を受け入れろだと？　本末顛倒《てんとう》である。おそらくこういう理屈であろう、日本は豊かだから、難民受け入れできるでしょう、私たちには〈愛があるから〉。

舞台は飛んで大阪。卒業式における国歌、君が代の起立斉唱を拒んだ大阪府立高校教員に対する減給の懲戒処分の取消しならびに慰謝料二百万円を府に求めた裁判の判決があった。その請求は棄却と。すなわち敗訴である（毎日新聞二十七年十二月二十二日付）。

その記事中、原告の奥野某はこう言う。起立斉唱を拒んだのはクリスチャンとしての信仰が第一原因と。

その詳細はこの記事では分らないが、府立高校教員中、クリスチャンは彼一人ではない。すると、彼からすれば、彼以外のクリスチャン教員はすべて背教徒と言うのか。

しかし、おそらく彼は、AKB48流にこう答えるだろう、他のクリスチャン教員とは戦わない、自分には〈愛があるから〉。結構な話ですね。なら、ついでにこう言ったらどうか、自分を処分した大阪府とは戦わない、自分には〈愛があるから〉と。「汝の敵を愛せよ」ね。

この御都合主義的クリスチャン教員は第二原因としてこう言う、「起立の強制は国民を戦争に駆り立てた戦前の教育につながる」と。爆笑ものの小理屈。これは飲み屋での小話に使える。もし彼がそれで老生に文句をつけてきたとしたら、こう答えよう。あなたとは戦いません。私にはあなたに対する〈愛があるから〉と。

こうした空理空論の大人版が出てきた。加藤典洋著『戦後入門』をめぐっての著者インタビュー（毎日新聞大阪夕刊二十七年十二月二十一日）に拠れば「国の交戦権は、これを国連に移譲する」と来た。

愚かさも極まった空理空論。国連安保理事会における大国理事の〈拒否権〉をどのようにしてなくすことができるのか。絶対にできない。国連軍出動が特定国家の拒否権で左右されている現実に対する具体案がなくて何を言っている。そうか、こう言えばいいか、日本自衛隊を国連に捧げます。〈愛があるから〉と。

古人曰く、〔自分は〕耕やす能はずして、黍《しょ》（きび）粱《りょう》（大あわ）を欲す。織《お》る能はずして、采裳《さいしょう》（美しい衣裳）を喜ぶ、と。


〔自分は〕耕やす能《あた》はずして、〔その癖《くせ》、〕黍粱《しょりょう》を欲す。

〔自分は〕織《お》る能はずして、〔その癖、〕采裳《さいしょう》を喜ぶ。

『淮南子《えなんじ》』説林訓

日本学術会議の論理性欠く軍事研究反対

日本学術会議が、学術研究において、軍事に関わるものがないようにと求める声明を平成二十九（二〇一七）年四月に出した。

これは昔からの言い種《ぐさ》である。日本学術会議は、日本弁護士連合会などと同じく、特定の思想を根本とする見解が多い。

そういう運動に、かつては具体的目的があった。彼らが思想的祖国とするソ連（当時）や中国に有利になるようにすることが目的であった。

しかし、ソ連が崩壊し、中国は素朴な商業国と化し（ただし政治権力は共産党だけしか持つことができない憲法を守り）、もはや世界には、共産主義国家と言えるような国家はほとんどなくなってしまった。

すると、取り残された日本学術会議などには、具体的政治目的がなくなってしまった。言わば、両親に捨てられた迷い子みたいなものである。

けれども、迷い子は迷い子でも理屈だけは言う。しかし残念ながら目的性がないので、しだいに駄々っ子みたいになっていった。ただ反対反対となんとやらの一つ覚えみたいに唱えているだけ。

当然、思想性などはない。今回においても、中身も論理性もなくなってしまっている。なぜか。彼らは現代における軍事と学術研究との関係についてよく分っていないからである。

例えば、ネジを作っている会社があるとしよう。当然、改良を重ねるし、新しい構造のネジを開発しようと試みることであろう。その際、実験を含め、大学に協力を求めることがあるだろう。そこで研究費を提供し共同研究をすることになったとしよう。これは、軍事研究の範囲に入るのかどうか。

多分、それは軍事研究の範囲に入らないと彼らは言うであろう。軍事研究と言えば、ロケットや銃器などの研究と思っているからである。

それは誤まりである。どのような金属製品の場合でもネジは欠くことのできない重要部品なのである。ネジのない組み立てなどできない。

そのように、現代の軍事品は、ネジをはじめ、ほとんどの工業の分野と重なっているという現実があるのだ。いや、工業ばかりではない。社会科学も、である。もっと狭くは哲学研究においても、軍事研究と重なるところがあるのだ。

軍事研究とは何か、その定義を作り、厳密にその学問性を明らかにすることを日本学術会議はしているのか。していないではないか。ただ「軍事研究」という四文字のイメージに頼って反対しているだけである。

それは最も非科学的態度である。だから研究者に対する説得力がまったくないのである。そうか、論理性、学問性がないので、感情に訴えての反対となっている。「軍事研究協力反対」ということばは、良く言えば詩、悪く言えばデモのプラカード用の文句といったところか。それでは人の心を真に動かすことはできない。

古人曰く、子《おぬし》は夫《か》の博《ひろ》く学びて以て聖《ものしり》に擬《まね》て、於于《つべこべ》（声を張りあげて）以て衆を蓋《いいくる》め、独弦哀歌《いいきになつて》、以て名声を天下に売らんとする者（孔子一派）にあらずや、と。

子《し》はかの博学以て聖に擬し（聖人気どりで）、
於于《おう》（声を張りあげて）以て衆を蓋《おお》い（惑《まど》わし）、
独弦哀歌《どくげんあいか》（勝手な歌を歌って）、
以て名声を天下に売らんとする者（売りこもうとしている者）に非ずや。

『荘子』天地

第6章

政治家

——君子　富むれば、好んで其《そ》の徳を行ひ、
小人　富むれば、以《もっ》て其の力を適《たの》しむ。

民主党鳩山政権は平成の王莽《おうもう》だった

平成二十一（二〇〇九）年、民主党政権が誕生したとき、彼らがいかに詐偽（「詐欺」と言ってもよい）集団であるかということを、私は歴史の故事を被《かぶ》せながら論じた。すなわち「ある寓話《ぐうわ》――其《そ》の詐《たば》かるや愚かなるのみ」（月刊『正論』平成二十一年十月号）である。この副題は、引用故事の中心人物であった王莽《おうもう》に対する、趙翼という清朝の文人の評語である。「（王）莽の如《ごと》きは、其《そ》の詐《たば》かるや、（ただ）愚なるのみ」と。

これは実は『論語』陽貨篇「古《いにしえ》の愚や直《ちょく》、今の愚や詐かるのみ」をひねったもの。この『論語』の文を踏めば、鳩山首相はアメリカ人に愚といわれ、今の自分を「愚直」としたが、いや「愚詐《ぐさ》」と言うべきだ。

王莽という男、実にことば巧みにできもしない政策を吹きに吹きまくって「詐かり」、大衆の歓心を買い、漢王朝を奪い取り、新という名の王朝を建て、皇帝となった男である。西暦八年。

王莽は名流出身の学校秀才。人柄も控えめでことばも丁寧。ハトヤマとかなんとか、どこかの国の首相そっくりである。インテリぶってまずこれで庶民をだました。

王莽のキャッチフレーズは「新」。政策は社会主義的で、土地国有の下、農民に土地を与えると約束した。しかし失敗し、農民の土地所有の夢は消えた。王莽はさまざまな改革を試み、「…を改め、…を易《か》え、…を変じ、…を殊《こと》にし、…を異《こと》にし…」と記録されているが、すべて失敗した。官僚制の改造改名に至っては大混乱となる。民主党が今していることは王莽と同類。ともに机上の空論を実質化しようとして失敗というわけだ。

要するに、約束したのに守らない、嘘をつくということが問題なのである。こういうとき、人はよく「信なくば立たず」（『論語』顔淵）を引くが、その意味はもっと深い。兵（国防・治安）・食（生活・経済）・信の中で政権への信（支持）が最も重要だという意味なのである。たとい外国に侵略され極貧になったとしても、信頼できる政権担当者があれば亡国には至らないという意味だ。

王莽は行政組織をつつきまわして、あれこれといじくったが、成功するどころか大混乱に陥り、わずか十五年で滅亡する。西暦二十三年。

反乱軍に殺された王莽の最期は哀れであった。前記拙稿から引く。

〈首は切られて首実検となる。軍兵は残った「莽の身を分裂す」——数十人が争って身体をずたずたにして殺すことに加わった。そしてさらし首として懸けられた王莽の首から、民衆の或《あ》る者が舌を切り取って食《くら》ったという。それは、王莽のデマかせの舌を憎悪したことを表す意味であろうか。〉

この「王莽」という語を「民主党」に置き換えれば、歴史はいろいろな教訓を与えてくれる。王莽の最終章を新しく記してみよう。こういう惨状であった。

王莽の新王朝に対して、全国に反乱軍が現われる。当然、反乱を鎮圧するための軍を発動させたが、まったく戦意がなく、連戦連敗。（諸選挙で民主党は連戦連敗）

反乱軍は団結し代表者を立てて王城に迫ってきた。（自民の新代表決定。日本維新の会も登場）

これを恐れた王莽は、人気取りになんと己れの髪や鬚《あごひげ》を黒色に染めて若造りし、皇后を迎え派手な婚儀を行い、若さをアピールした。（細野某ら若手人事の導入）

そして謹慎させていた実力者らを赦免し、戦えと命じたが、彼らは「因《よ》りて〔そのまま〕逃亡す」。その数、七十二人（小沢一党四十九人、それ以後、民主党離党者続々）。

苛立《いらだ》った王莽は、果ては囚人を特赦して武器を与え、豚を殺してその血を歃《すす》りあって

〔同じ血の通う仲間となる儀式を行ない〕、戦うことを誓わせ出陣させたが、都を出ると「皆〔どこかへ〕散走す」。当たり前だ。（民主党―民進党の実働部隊である下部組織崩壊中）

この状況を『漢書』王莽伝はこう記している。「莽が軍師（軍団）外は破れ、大臣　内は畔《そむ》き、左右（官僚）信ずる所なし」と。にもかかわらず、反乱軍の干戈《かんか》（武器）の響きが宮廷内のそこまで来ているというのに、王莽は人事に熱中し、官名を改変することなどに熱心であった。

そしてこう言った。「天　徳を予《われ》に生ぜり。漢兵（漢王朝再興を期す反乱軍）それ予を如何《いかん》せん」と。これは、孔子が弟子たちと流浪中、宋国の国防大臣の桓魋《かんたい》の軍に囲まれたときに発したことばである「天　徳を予に生ぜり。桓魋それ予を如何せん」（『論語』述而）を踏んでいる。

しかし、王莽には政治家に最も大切な〈徳〉などなかったのである。どこやらの党やその中心メンバーも同じく。

子曰く、天、徳を予《われ》に生ぜり。桓魋《かんたい》其れ予を如何《いかん》せん。

『論語』述而

小沢一郎の貪婪《どんらん》

連休中、老生はどこへ行くというあても娯しみもなく、長らく積んであった本から一冊抜き出して読み始めた。

その書名が凄い。『貪官汚吏《たんかんおり》伝』。清朝一代における汚職の数々を漢文で記しているが、なにしろ野史《やし》だけに、どこまで真実かは保証の限りでない。

もっとも、現代中国、延《ひ》いては韓国の大統領を筆頭に偉いさんどもの瀆職《とくしょく》報道を知ると、それはもう〈文化〉あるいは〈伝統〉と言うべきであろう。絶えることはあるまい。日本の左翼紙は盛んに日中友好と称するが、そんな口先きだけのことを言わず、「お金《かね》、お金《かね》の中国首脳にどんどん贈賄しましょう。すぐに日中友好となり、海洋問題など消えますよ。一人当たり十億円、首脳陣は三十人、計三百億円見当、安いものですよ」と主張することだ。

さて『貪官汚吏伝』。一例を挙げよう。明珠《めいしゅ》という男がいた。康熙《こうき》六年（一六六七）から約十年間、権勢を誇った。日本では江戸時代、将軍綱吉が有名な生類憐《しょうるいあわれ》みの令を発布したのが一六八七年。

清朝は満州族の政権であり、漢族を支配下に置いたが、政治は二本立てで、満人の首相が明珠、漢人の首相が杜定徳であった。もっとも、明珠は満人皇帝に寵愛され、権力随一であったことは言うまでもない。

明珠の「貌」すなわち見た目は柔顔であったので、みな騙された。「性」すなわち根性は「狡猾」この上ないのに。

明珠は収賄の限りを尽くした上、「満臣」すなわちあらゆる官僚に自分への「贈賄」をさらに求めたので、官僚どもは贈賄の元手として勝手に増税し、「小民」は困窮した。

官僚の人事も賄次第《まいないしだい》となり、「士風文教　これがために地に堕つ」状態になったにも拘《かか》わらず、皇帝も騙され、明珠の「貪婪《どんらん》」を知らなかったのである。

この明珠は、厖大《ぼうだい》な財物を貯めこんだものの、己れの直接の部下、すなわち秘書らに対しては厳しく、下の者がすこしでも不正なことをすると、主家長（執事長）が「立ちどころに杖下《じょうか》に斃《し》ぬる」ような厳しい刑罰を加えることを許していたのであった。棒で殴り殺したということである。

もっとも、明珠の子孫は、後に和坤《わこん》という権力者が失脚したときに連坐して、その全財産を没収されてしまう。

この種の話《て》が『貪官汚吏伝』に満載されている。読んでゆくうちに馬鹿馬鹿しくなって、連休二日目に投げ棄てた。

しかし、この明珠の話、近ごろ話題の四億円男*の話とどこか似通っていないであろうか。四億円男は、天下国家のことばかり考えていると自称するりっぱな方である。老生など天下国家のことを考えるのは、せいぜい月に一、二回。あとは雑事雑念の日々。それに比べて四六時中ずっと天下国家を憂えているとは御立派。つまりは大嘘をついているわけである。これが状況証拠というものであり、そこには〈真実・真相〉が秘められている。

四億円は相続のときの残金だとのこと。なるほど。しかし、だれでも大金を預貯金のままにはしておかない。必ず使うか、隠す。新築、資本投下、株……というふうに。だから何十年も現金のままで手もとにあるはずがない。なぜ四億円男の手もとにいつでも現金四億円があるのか。泉に湧く水のようにどこかからか現われてくるということか。

名句がある。渇《かつ》しても「盗泉に〔その水を〕飲まず」(『淮南子』説山訓)と。そんな倫理は、証拠がなければ無罪という法治国家では不要ということか。

四億円男は、秘書の四億円使用を知らなかったと言う。老生の家計では、物を買うとき、千円を越えると高い安いと大会議。さすが天下国家男、秘書に柔顔。と思いきや、四億円男はゼニに細かいとの報道もあり、その間、天下国家論で頭がいっぱいとは忙しいことである。ただ、ゼニの芳香（いや悪臭か）には必ず凡俗が寄ってくる。この男の周りにも。古人曰く、富むれば、以《もっ》て其《そ》の力を適《たの》しむ、と。

＊　小沢一郎・民主党幹事長の資金管理団体「陸山会」が取得した土地の購入原資四億円を政治資金収支報告書に記載しなかった事件。大久保隆規《たかのり》元秘書が平成二十二（二〇一〇）年一月に政治資金規正法違反（虚偽記入）容疑で逮捕、起訴され、後に有罪が確定した。

君子　富むれば、好んで其《そ》の徳（社会貢献）を行ひ、
小人　富むれば、以《もっ》て其の力（威力）を適《たの》しむ。
『史記』貨殖《かしょく》列伝

礼を学ばざれば立つなし――民主党政権の不敬

或《あ》る日、バスに乗った。老人のくせとして、空席があればさっとそこへ行って座る。そのとたん、右側に座った女性が「お父さん」と話しかけてきた。なんと、わが娘ではないか。気がつかなんだ。頭にあったのは空席のことばかりだったため、人の顔なんか見てますかいな。

人間、そういうものだろう。今の問題に対して、良く言えば熱中、悪く言えばそのことだけの関心ということだろう。

このこと、政治家にもあてはまる。近ごろの政治がらみのニュースをテレビで見ていると、多くの政治家はさしあたりのことにしか関心がなく、その根本というか、基盤というか、そういうものに対して思いをいたしていないように見受ける。最近のその最たるものは、習近平*・中国副主席（当時）をめぐる無礼な問題である。

報道に依れば、小沢一郎民主党幹事長らが、ごり押しして陛下の接見予定表に習某を割り込ませたのみならず、天皇は内閣の言うことを聞けと言わんばかりの不敬発言をしたとのこと。すなわち天皇の国事行為は日本国憲法に従い、内閣の助言と承認とに基づくのだとうそぶいた。

ここに小沢某の決定的誤まりがある。天皇についてなるほど憲法はいろいろと記している。しかしそれは、法的なことにすぎない。

われわれ日本人は、法があるからといって天皇を戴《いただ》いているわけではない。わが国の長い歴史的経緯の中で、一貫して皇室を国の中心的存在として認めてきた。そのことを追認して法的表現にしただけのことなのである。すなわち皇室に対して国民が敬愛し、尊崇してきた事実があればこそ、それを法が追認しているのである。法があって皇室が存在するのではない。まちがうな。

だから、法（つまり内閣）が陛下に指図するのは本末転倒なのである。そのことを鳩山由紀夫内閣・与党は分っていない。

当然、天皇は一般国民と異なる性格を有する。その典型は、天皇の行為が〈無〉すなわち〈私が無い〉ことである。われわれ一般人は〈有〉すなわち〈私有〉の世界に生きてあさましい競争をしている。ここに大きな違いがある。

陛下が外国の要人と接見されるとき、相手が大国であろうと小国であろうと、区別・差別をされないのは、〈無私〉だからである。この〈無私〉――〈無〉が天皇・皇室の本質なのである。〈力〉《ちから》丸出《まるだ》しの西洋のキングごときとは異なる。

そういう根本、日本国の基盤が分かっていないのが鳩山内閣・与党である。それが無礼な態度となって表れたことがあった。

すなわち鳩山内閣が成立し皇居で閣僚の認証式が行われたときのテレビ中継で分った。室外から室内に入り、陛下の前に進むとき、意外や菅直人・副総理は正しく摺足《すりあし》でお美《み》事《ごと》であったが、原口一博・総務相はずかずかと大またで大きく手を振って進み、モーニングの裾《すそ》が翻《ひるがえ》っていた。鳩山首相に至っては、陛下と対面し敬礼したあと、陛下がまだ玉顔《ぎょくがん》を元の位置に戻されない前に、もう認証書を受け取りのために右手に顔を向けていた。非礼、無礼極まりない。なにがいい育ちなものか。

古人曰く、礼を学ばざれば、以て〔人間として世に〕立つことなし、と。

＊　平成二十一（二〇〇九）年十二月、来日中の習近平副主席（当時）への陛下の御引見が、特例的に直前になって決められたことに羽毛田宮内庁長官（当時）が反発したのに対し、

小沢幹事長が「(三十日ルールは)法律で決まっているわけでもない。国事行為は『内閣の助言と承認』で行われるのが憲法の本旨」だと反論した事件。

詩を学ばざれば、以て言ふこと無し。
礼を学ばざれば、以て立つこと無し。

「論語」季氏

海江田万里の下手な漢詩

平成二十四（二〇一二）年末、海江田万里が民主党代表に選出されたとき、その記者会見において、自作の漢詩を披露し、みずから次のような解説をしたという。

すなわち「十二月の師走の日本で解散になり、空は寒く、味方は少なく、失敗に終わり、多くの候補者が倒れた。この上は、粉骨砕身、党再生のために生を全うする」と。

その漢詩は左の通りである。書き下し文は私が付けた。

臘月扶桑戦鼓鳴
寒天寡助計無成
将軍功尽万兵斃
粉骨砕身全此生

〈書き下し文〉

臘月《ろうげつ》（十二月） 扶桑（日本）に戦鼓《せんこ》鳴るも
寒天《かんてん》 助け寡《すく》なく 計《はかりごと》 成《な》る無し
将軍 功《こう》尽《つ》き 万兵《ばんぺい》斃《たお》る
粉骨砕身《ふんこつさいしん》 此《こ》の生《せい》を全《まっと》うせん

下手な詩である。決まり文句をただ並べただけ。ま、それは下手の横好きということで許されるとしても、詩（絶句）において最も大切な最後の句、すなわち第四句の意味がメチャクチャなのである。

海江田某は、第四句中の「全此生」を「敗れた党の再生のためにこれからの人生を最大限努力する」といった意味に使っている。前記のように、自分でそう言っている。

しかし、「全此生」（此の生を全うす）すなわち「全生」とは、老荘思想の根本文献である『荘子』の養生主篇の冒頭にある有名なことばであり、こういう意味だ。「生命に大切なことは偏ることのない中庸である。中庸のようにすれば、身を安全に保つことができ（保身）、生体（知覚・感覚・言動など）を無傷に保つことができる（全生）」と。

てっとりばやく言えば、なにかをしたいしたいと肩肘張ったり、熱中して入れ揚げたり、せかせかするのではなくて、中庸という自然な在りかたを守ってゆけば、長生きできますよというのが「保身・全生」の意味。

ということは、政争といった権力闘争に「粉骨砕身」する在りかたとはまったく無縁な話なのである。

漢文の作詩作文において、古典のことばを踏んだり先人のすぐれた語句に拠《よ》るのは、基本的作法。しかし、海江田某は「全生」を勝手に現代日本語風に理解し、かつ使っている。そういう和臭《わしゅう》のある作品は、人さまの前には出さないもの。無教養をさらすことになるからである。それをあえてする。その程度の人が果たして国政に関わる一党を率いることができるのか。それに彼の詩には、敵味方を問わず、戦いに命《いのち》果てし者の悲しみなど、どこにも見られない。それで将たりうるのか。

現代人と明治人との教養の差は比べものにならないが、日露戦争において乃木希典《のぎまれすけ》将軍は二〇三高地占領に成功し、勝ちはしたものの、それこそ「万兵」を失った責めを負いつつ作った詩には、切々とした悲しみが満ちている。もちろん、敵のロシア軍の将兵も多く斃《たお》れた。日本人漢詩の名作である。詩中の「転《うた》た」は「どこを見ても」の感じ。「金州」は地名で、現在の大連市。

山川草木転荒涼
十里風腥新戦場
征馬不前人不語
金州城外立斜陽

山川《さんせん》草木　転《うた》た荒涼《こうりょう》
十里風腥《かぜなまぐ》さし　新戦場
征馬《せいば》前《すす》まず　人《ひと》語らず
金州《きんしゅう》城外　斜陽に立つ

善を為《な》すも名〔声〕に近づくなく、
悪を為すも刑に近づくなく、
督《とく》（中庸）に縁《よ》りて以て経《つね》（常）となせば、
以て身を保つべし、以て生を全《まっと》うすべし。
『荘子』養生主

福島瑞穂よ、社民党の空理空論は中国相手に生かせ

平成二十五（二〇一三）年七月、参議院議員の選挙が終わった。テレビ報道で自民大勝の開票状況を見ながら、「諸行無常の響きあり」の感があった。

それは、社民党の落ちぶれた姿を見たからである。「みどりの何とか」といったような泡《ほう》沫《まつ》諸政党のことはどうでもいい。老生にしてみれば、五十年前、六十年前の社会党（社民党の前身）の勢いを覚えている。自民党に対抗できるだけの議員数がいた。しかし今や、泡沫政党並みになっている。ほとんど再起不可能。これを「諸行無常」と言わずして何と表現できるのであろうか。

ではどうしてそんなことになってしまったのかと問われたとしても、老生の知ったことではない。何の関心もないからだ。

さはさりながら、辞任を表明した社民党女性党首・福島某（当時）の「別に？」という感じの無邪気な笑顔を見ていると、同党ができもしない政策を「言うのはタダ」と気楽に述

べてきた無責任と重なり、なにやら哀れを覚え、お気の毒という感じは否めない。

この調子でいけば、いずれ同党の消滅は確実。となると、どうすれば再生可能かということになろう。

しかし、傍目八目《おかめはちもく》ということもある。当事者よりも傍《そば》で見ている者のほうが、いい見通しを持つことができる。言わば、起死回生の妙手もあるわな、ということだ。

それは、どういう案か。

衰えたりといえども、社民党にも面子《めんつ》があろう。今さら保守派の物まねをすることはできまい。それでいい。

となると、社会党以来これまで、喚き続けてきた主張の中から、〈具体的にして、かつ現在に有用な政策〉を前面に出すことだ。そうすれば、面子も立つし、再生もあるいは可能かもしれない。

では、そういう政策があるのか。ある。その政策は、かつては机上の空論であったが、今や最も説得力がある。ただし、その政策をわが国に対してではなくて、中国に対してぶつけてこそはじめて光り輝き、日本人の心を捉えうる。

すなわち、「軍備をなくして国民の生活を豊かにしましょう」と中国政府に言え。

このスローガン、かつて社会党は日本政府に対して振り回していた。もちろん空理空論。まともな人はだれも相手にしなかった。社会党が国民の支持を得なかった諸スローガンの一つだった。

しかし、このスローガンを今こそ中国外交においてぶつけてゆくと言えば、今日では現実性のある政策として日本人に支持されよう。中国の膨大な軍事費と同国農村の貧困とは、対照的である。このスローガンを対中政策として掲げるならば、いや掲げるだけでなくて実際に声を出し要求してゆくならば、日本人の心を捉えうる。

社民党よ、これまでの対中土下座を改め、自分たちのかつてのスローガンを活《い》かし、死中に活を求めよ。幸せも不幸せも自分の態度ひとつで決まるのだ。

古人曰く、禍福は己《おの》れより之《これ》を求めざる者なし、と。

是れ自ら禍を求むるなり。禍福は己れより之を求めざる者無し。
『孟子』公孫丑上

都知事辞職で見過ごされた政治報道の質

平成二十八（二〇一六）年七月の参議院議員選挙そして東京都知事選挙が終わった後、世の関心は、その次の問題へと移ってゆくことだろう。メディアはその先導者。

では、この四月来、毎日大騒ぎしていた舛添前東京都知事問題は、いったいどうなってしまったのか、ピタッと止まったままである。

それはおかしいではないか。メディアは、毎日おもしろおかしく、やれ公私混同の、やれ説明責任の、と喚《わめ》いていた。それが〈宴《うたげ》の後《あと》〉とは、あまりにも無責任ではないか。

では、なぜきちんとけりをつけることができないのか。

その理由ははっきりとしている。いわゆる舛添問題について、煽情《せんじょう》的非難ばかりしていて、論理的批判を行っていなかったからである。感情論であったから、熱しやすく、冷めやすい。それでは議論にならない。

例えば、舛添某が家族で正月旅行をした際、公金を使い公私混同をしたのではないかと非難していた、毎日のように。それも面白可笑《おもしろおか》しく。

しかし、その〈公金〉とは、どういう公金なのか。当時、彼は都知事ではなかったから、東京都の公金ではない。もし公金と称するならば、政党助成金というそれである。となると、政党助成金担当の総務省に監査請求をし、その調査による結論が出ないかぎり、疑惑ではあっても公私混同とは言えない。

にもかかわらず、公私混同と公言するのは、彼の側にとっては名誉毀損ものである。メディアはことばを慎重に選ぶべきであろう。

もっとも、老生、舛添某を弁護するわけではない。事の筋道について述べている。老生、彼とは面識はない。しかし、メディアの〈ことばの暴力〉は批判せざるをえない。

では、老生はこうした問題について、何の疑いも持たないのかと言えば、そのようなことはない。老生、もちろん疑問を抱いているが、それは、深刻なものである、だれも指摘していないが。それについて述べよう。

老生、元公務員である。もちろん、公務員には諸部署があり、職務は多種多様であるが、どの公務員においても共通するルールがある。例えば、旅費、設備費、消耗品費等に。

それら金銭の出費に関わる場合、必ず会計担当者が可否を判断する。舛添某が求めた美術品の場合、設備費としたとき、その美術品は東京都公有となるので、彼が退職したとき、すべて残置しなければならない。もしそうしなければ横領となる。中国服の場合、書道上の必要で消耗品費と認められれば、その通り。

というふうに、最初に会計の関門がある。それも第一段階のいわゆる〈窓口〉が大切で、そこを通れば、よほどのことがないかぎり、その上司の諸段階において、まず通る。いわゆる〈盲判〉である。

さて舛添某、都知事といえども、会計を通し、順次その諸上司の決裁（押印）を経てゆく。もちろん、都知事自身が会計の窓口に行くわけではなく、秘書らが〈代理〉で行くのであるが、実体は本人の申請である。

ということは、舛添某が都知事として公費を使用したそのすべてにおいて、都の会計組織が妥当であると認定し、決定したということとなのである。

もちろん、もしそうせよと都知事みずからが強圧的に命令したとすれば、それは地位の権力を利用した違法行為となるが、そのような声はほとんど聞こえてこない。

となると、舛添某の行動における公金の使用責任は、都の会計組織にあるということにならざるを得ない。もちろん、組織上は都知事にすべての責任があるが、少なくとも会計窓口に始まる一連の会計実務組織の責任を問うべきである。その調査こそ都議会がなすべきで、本人辞職の有無にかかわらず、公金のあるべき姿を明らかにせよ。その覚悟があるのか。それなくしての舛添追及は、中身のない、安物のショウにすぎない。

古人曰く、多くを聞きて疑はしきを闕《か》き（捨て）、慎みてその余《よ》（残りの確実なもの）を言へば、則ち尤《とが》め（他者からの咎め立て）寡《すくな》し（少なし）、と。

多くを聞きて疑はしきを闕《か》き、
慎みてその余《よ》を言へば、則《すなわ》ち尤《とが》め寡《すくな》し。

『論語』為政

日本は二大政党にならない

老生、テレビの政治問題バラエティショウを観ていると、コメンテーターとやらが、平成二十九（二〇一七）年十月の衆議院解散に対して大義がないと言う。それも何人もがそう言う。

驚いた。今どき〈大義〉などという死語を振り回すとは、どこの右翼かと思ったら、なんと左筋の連中であった。

いや、それだけではない。専門が政治学と称する大学教授（残念、姓名を失念）が、解散が首相の勝手で行われるのは憲法違反だと抗議し、苦しい屁理屈を並べたてていた。もちろん、非学問的な感想レベル。

率直に言って、学識がなく、その程度の知識、いやその程度の思いつきで、よく〈教授〉が務まるものである。

こんな連中、学生時代に多少はお勉強ができたので、後に教授職を得たのではあろうが、真の勉強——ましてや学問はしてこなかったのだろう。すなわち、文系学問の最終にして最大のテーマである〈人間とは何か〉に対して、何一つ考えてこず、ただ「第何条の意味は……」という話をしてきただけの〈優等生の成《な》れの果《はて》〉である。いいか、政治の本質を一言で示してみよ、それができなくて何が政治学だ。

政治の本質とは、〈権力〉ではないのか。

しかし、それを露骨に言わぬが花。そこで御用学者がそれを美辞で塗《まぶ》すのだ。すなわち「大義は……」と。

〈昔の優等生〉にさらに問おう。その〈権力の本質〉とは何か、一言で表せ、と。

おそらく答えられまい。考えたことなどないからである。〈権力の本質〉とは、〈人事権と予算配分権と〉である。これに尽きる。こういう本質論は、〈人間とは何か〉を考え続けている哲学・文学・歴史学といった文学部系の研究の中から生まれてくる。

とお説教しても、どうせ分るまい。分る能力も分ろうとする習慣もないからである。

というふうに、老生、他人《ひと》の悪口を言いだすと留《とど》まるところがなくなるので、総選挙の結果の意味するところについて一言。

大騒ぎしても、結果、大勢《たいせい》はさして変わらない。ところが、図式的に言えば、立場の異なる二大政党があって、国民はそのどちらかを選んでゆくという政治地図が好ましいと政治家や政治学者やメディアどもは言う。

それ、本気で言っているのか。イギリスの保守党対労働党、アメリカの共和党対民主党のようになるのが理想と。

愚かな話である。なぜか。欧米の連中は、二項対立でものを考える。陰か陽か、善か悪か、生か死か……というふうに。そこから弁証法（二つの正反対の意見の対立や矛盾の論議から新しい考えを生みだしてゆく論法）というような考えかたが生まれる。

それが例えば二大政党という形となる。その真似をしようというわけだ。その本心は、明治以来の欧米猿真似である。

しかし、われわれ東北アジア人の思考は、二項対立ではなくて二項割合（二項比率）なのである。例えば、陰と陽との二つが対立すると考えるのではなくて、全体を百としてパーセンテージで見るのだ。前回は陰が二〇%、陽が八〇%、今回は陰が一〇%、陽が九〇%というふうに。俗に言えば、あいつは悪い奴だが、いいところもある、というような見かた、それが日本人、延《ひ》いては東北アジアの人々なのである。二項対立的思考はしない。

世には、時間と空間という両物指しがあるが、その内の空間を軸に取って見てみると、われわれ日本人は二項割合で物を見る。その延長上からは、対立する二大政党といった観点は出てこない。一強多弱、あるいは二強（連合）多弱……となるのが自然なのである。

もしも二大政党を理想とするならば、二項対立的に立憲民主党・社民党・共産党らが過半数近くにまで伸びなくてはならないが、そうなっていないではないか。つまり、日本人は、二項対立など望まない、いや思考の内にないのである。この心の深層を知るべきだ。

古人曰く、剛《ごう》と軟《なん》と、孰《いず》れか（どちらが）堅《かた》き（丈夫か）、と。〔この質問を受けた家臣がこう答えた。〕臣《しん》〔私め〕年《とし》八十、歯《は》皆堕《みなお》つる（抜ける）も、舌《した》尚《なお》〔今もやはり〕存《そん》す、と。


剛《ごう》と軟《なん》と、孰《いず》れか（どちらが）堅《かた》き（丈夫か）、と。

臣《しん》年《とし》八十、歯《は》皆堕《みなお》つるも、舌《した》尚存《なおそん》す、と。

『淮南子《えなんじ》』原道訓

立憲民主党に希望なし

老生、老い耄《ぼ》れて世に無用の者。さりながら、世の行末が気になり、まだ三途の川を渡るわけにはゆかぬ憎まれ老人。しばし暴言を許されよ。その日が来るまで。

もう大昔の話のようになった先だっての総選挙（平成二十九年十月）。開票の結果、立憲民主党なるものから、五十五人もの当選者が出た。周知のように、小池代表に拠る希望の党に対して、民進党から入党しようとした際、同代表が、改憲問題等において反対の者は「排除する」と言ったとかなんとかということがあって揉《も》めた。

一方、別派は始めから希望の党に行かず、立憲民主党を立ちあげ、同党公認の候補を立て、思いのほか多くの当選者を生み出した。そこで、野党第一党ともなった立憲民主党が、どうしてそんなに勝てたのかということについて、あれこれ論じられてきた。

その件について、老生、テレビを見ていて、不思議な説明に出会った。

大阪の毎日テレビの午前十二時台だった。日付は失念した。そのときのコメンテーターの政治評論家、田﨑史郎・伊藤惇夫《あつお》ともに、多数当選の理由は、「日本人のハンガンびいき」から立憲民主党に投票したのだと解釈し、そう述べた。

昔、源義経は、自分の頭領であった兄の頼朝の許可を得ずに、朝廷から官職を得た。これが兄弟不和の大きな原因となり、後に義経は頼朝に討たれる。悲劇である。

そこで、義経をテーマとするさまざまなドラマが生まれてきたが、義経に対する憐憫《れんびん》の気持ちを現わすことが多い。

その際、義経の官職の「判官」を「ハンガン」と読まず、ふつうは「ホウガン」と読み、一連の義経物を判官（ホウガン）物と称する。だから、ふつうは「ハンガンびいき」ではなくて「ホウガンびいき」と言う。

因みに、義経の得た官職は、いわゆる令外《りょうげ》の官（律令制内の官職にはない官）である検非違使《けびいし》（警察官兼裁判官）の長官《かみ》・次官《すけ》・判官《じょう》・主典《さかん》という序列の中の判官である。

話をもどすと、田﨑某・伊藤某ともに日本人の「ハンガンびいき」と言うが、立憲民主党の誕生、同党議員多数当選のどこに悲劇があるのか。「当選バンザーイ」の祝砲ばかりであり、義経的悲劇などどこにもない。

彼らが当選したのは、共産党ではなくて、旧社会党系の左巻き連中の票の力である。判官びいきどころか、確信的左筋の力だ。

と言うことは、なるほど確実な一定票はあるけれども、それ以上はないことを示している。すなわち同党の出発は、これをもって終わり、世に言う〈終わりの始まり〉となる。今後は、しだいに少数党となってゆくことであろう。文字どおり、これから先、「希望」という二字はない。

政治評論家をもって自任するならば、百鬼夜行の政治世界を、判官びいきなどという、おセンチな眼で見て評論するなど、老生のような小《こ》悪人から見れば、お人良しそのものだ。それでよく政治評論家が務《つと》まるものだ。

と草してきて、ふっと思った。絶大な権力を持っていた検非違使は令外の官。聞けば、かつての摂政や関白も令外の官とのこと。律令制から始まる官司（役所）・官職のほかに、必要に応じて令外の官を作ってきたのが日本人であり、そういう政治感覚である。

とすれば、現代の自衛隊も〈令外の官〉として、それをもって〈正式の官〉として、まず位置づけることだ。現実はそれに近い。そして事実上は国民がそれを認めている。

もちろん、憲法を改正し、そこに自衛隊を位置づけることが第一。苦労はあるが、それが正統的。しかし、左筋の必死の妨害があり、かつ仮に国民投票で否決されたとしても、大丈夫。日本人伝統の令外の官という最後の手が有る。それをぱっと使って自衛隊存在の正当性を明白に示せ。

この最後のカードを懐に秘して、憲法改正へと進むのが、政権のこれからの進路である。

古人曰く、大人《たいじん》（りっぱな人）虎変《こへん》す〔虎の毛の模様は秋になると輝くように変ずる。その時は〕、その文《ぶん》〔文様《もよう》・ありさま〕炳《あき》らか（はっきり）なり、と。

〔革《かく》という卦《か》䷰の下から五番目の⚊の意味は次のごとくである〕
大人《たいじん》　虎変《こへん》す〔その時は〕、その文　炳《あき》らかなり。

『易経』革

「瞬間芸」に終わった小池百合子

老生、然《さ》る縁《えにし》で金沢工業大学において「平家物語」の琵琶語りいわゆる平曲《へいきょく》を拝聴した。演者は荒尾努《つとむ》氏。本業は三菱重工業社員であるが、平曲の数少ないプロ。

われわれ一般人になじみやすいように、①「祇園精舎の鐘の声、諸行無常の響あり」という出出《でだ》しのあたり、②熊谷直実《くまがいなおざね》が自分の子とほぼ同年齢の平敦盛《あつもり》を討って無常を実感し、仏門へと入ってゆくはじまりあたり、③平家滅亡の壇ノ浦の戦い、以上三個所を分りやすい解説とともに。

無学な老生、この平曲でいろいろなことを学びつつ、これは日本人の世界、日本人にしか分らない世界という実感を持った。

という感動の中、ふっと現実にもどってくると、そこはもう相い変わらずの修羅の世界で、政治問題をめぐってみながあれこれ浅ましく怒りまくっている。

その第一。小池東京都知事が新党結成後、そこへ合流いや入党したい民進党の議員に、小池氏らの立場（特に憲法改正）と異なる者は〈排除〉と発言するや否や、メディアは、待ってましたとばかりに小池氏を叩きに叩いた。その結果は御存知の通り。

この話、奇怪である。政党とは、政治的意見が共通する者の集合体ではないのか。政治的意見の異なる者の入党を認めることは、論理矛盾である。のみならず、後にそうした異分子が必ず厄介者になることは世間の常識ではないか。

党の責任者がそういう異分子を〈排除する〉のは当然である。にもかかわらず批判が続出した。しかし、小池氏が自ら作った政党に加入の条件をつけることのどこがいけないのか、老生、まったく分らない。あえて言えば、排除することがいけないと言う人間の方こそ、頭がおかしいのではないか。

しかもその騒ぎの中で、立憲民主党とやらが生まれ、そこからの立候補者には〈判官《ほうがん》びいき〉の風が吹き、数多く当選したなどと解説する世間知らずの連中がいるに至っては、お調子者と評する外《ほか》ない。

日本人が〈判官びいき〉で動くと言うならば、女性ながら奮闘している小池氏に対してこそ〈判官びいき〉すべきではないのか。

しかし、ほとんどだれもそうしなかった。のみならず、かえって罵倒するばかりであった。これでは〈平家滅亡〉への道のごときである。いったいどういうわけで〈判官源義経びいき〉となるのか、あるいは〈平家諸行無常〉となるのか、と問いたい。

ただ、老生、小池氏の発言で気になるところがあった。東京・名古屋・大阪の三知事の会が開かれ、それを小池氏は「三都物語」と表現した。後には名古屋をはずして「二都物語」と言ったように記憶するが……。

おそらく小池氏は、十九世紀のイギリスの小説家、ディケンズの小説『二都物語』のタイトルを念頭に引用し、被《かぶ》せ引っ掛けたのではなかろうかと思うが、もしそうであるならば、あまり適切ではない。

なぜなら、知事らが同志となって協力し、前向きのしごとをしようという建設的なめでたい出発であるのに、『二都物語』は、男性主人公が、愛する女性の夫の身代りとなってギロチンで首を落す自己犠牲の物語ではないのか。

すると、己れの首を落す役割りをするのは、愛知県知事か、大阪府知事。愛知県知事は早々に逃げ出してしまったから〈夢物語〉。ともあれ、あまり縁起が良くなさそうだ。一致団結の話でないと様《さま》にならぬわ。

と思いつつテレビを見ていると、今風の歌手が「二都物語」と題する歌を唱《うた》っていた。

その歌詞は「すれ違ってふたり、もういついて行けない……探しても逢えぬ人」とか、なんとか、かんとか、どうも縁起が良くないのう。

人生、運というものがある。小池氏の敗退の理由はなにか。これはそう簡単に決められそうにはないが、なにやら小池氏は〈瞬間芸〉で終わりそうではある。

古人曰く、一葉《いちよう》の落《お》つるを見て、歳《とし》のまさに暮《く》れんとするを知る、と。

一葉《いちよう》（近くのできごと）の落《お》つるを見て、
歳《とし》（遠い将来）のまさに暮《く》れんとするを知る。
『淮南子《えなんじ》』説山訓

第7章

宗教と儀礼と

――実立ちて、
名之《これ》に従ふのみ。

大道が失われ、亡国へと進む

過日、或る方を偲《しの》ぶ会に参列した。かなりの数の人。開始までの待ち時間のためか、数人の音楽家が登場し演奏したが、司会者と称する、某テレビ局女性アナウンサーが、彼らの紹介後、なんと「△△さんらによる演奏をお楽しみください」ときた。

驚いた。偲ぶ会参列者に「お楽しみください」はないだろう。学歴は高いのではあろうが、この女の不見識・無神経・無教養・不作法は不愉快だった。

さらに驚いたのは、前方に掲示の式次第。四人の弔辞担当者氏名の上に、なんと「来賓」とある。喪礼は、亡き方を偲んで自発的に参加するのであって、わざわざ賓客を招きたてるものではない。その種の人の弔辞は、事実、形《て》ばかりのつまらぬものであった。

老生、この歳になると、さまざまな野辺の送りに参席する。その際、人々の心を打つのは、無名の友人の心のこもった弔辞である。それは、来賓などの型どおりの弔辞を遙かに越えた〈惜別の辞〉であり、共感を覚える。

さて、もっと驚くべきことが起こった。最初の弔辞が了《おわ》ったとたん、なんと出席者の大半が〈拍手〉したのである。以後、すべて。

弔辞に拍手はないだろう。老生、呆然とした。亡き方を偲んでの会食の場合があるが、冒頭、故人のために静かに献盃する。その後に拍手することなど絶対にない。弔辞とは、いわば〈ことばの献盃〉ではないか。めでたい乾盃とは違うのである。弔辞への拍手とは、世も末である。

人間は、小知恵・小理屈ではなく、健全な常識に従って社会生活を送るのが大道。そういう基準が失われている。

例えば、二国間で戦争や大きな悶着《もんちやく》等があったとする。歴史上、その決着のつけかたはいろいろあった。古くは、敗者の財産をすべて奪い、人々をみな殺しにした。或るいは奴隷とした。時には、属国とし、生産の果実を搾取し続けた。

しかし、そうした在りかたでは恨みばかりが生まれ、しだいに非道とされたので、それに代わって法的決着となってゆく。その到達点が講和条約であり、或いはそれに似た協定等である。

当用漢字では〈講〉和条約と記すが、元来は〈媾〉和条約と書く。「媾」とは、「媾合」のごとく男女の交わりを意味する。仲直りを意味して深長である。もっとも、「講」にも「媾」の意味はある。「講解」とか。

閑話休題《さて》、講和条約・協定なるものの趣旨とは、当事者間で議論し合っての上、結論を出し、それを両者が守るということである。もちろん満額回答はない。或る妥協点に辿りつき、以後、仮に不満があったとしても、条約や協定が定まったあとは、両者おたがいに政府としては一切不満は言わないという〈約束〉なのである。そしてその後は、対等にふつうの国（恨みなし）としてつきあおうというわけだ。これが、法の常識、国際常識というものである。

ところが、中国は、一六八九年のロシアとのネルチンスク条約以後、ロシアが次々と南下侵略して広大な領土を侵略しては、合法化してきた事実、一八四二年のイギリスとの南京条約による植民地的侵略等の屈辱については黙り、ただ日本非難だけを続けている。

韓国に至っては、日本の配慮がまったく分っていない。日本は韓国と戦争をしたわけではないが、諸般の事情に配慮して日韓基本条約を結び、日本は大量のドルを提供した。そのことによって日韓の間の悶着を解決した。とあれば、その後は、国家としては一切問わないというのが国際常識・法常識なのである。

にもかかわらず、朴正熙後の歴代大統領はこの常識に従わず、まだ〈賠償〉を要求し続けている。彼らの周辺には〈賢者〉はいないのか。必ずいるはずである。しかし、そういう賢者に下問《かもん》することをしないで独断するのであろう。その先は見えている。日本とは冷却関係の上、中国はいざとなれば平然と韓国を棄てる。となると、韓国は、どこにもすがりつく国はなく、亡国へと進むしかない。

古人曰く、亡人は独《どく》を好む、と。


迷《まよ》いし者〔のその原因〕は、路《みち》を問わざりき。

溺《おぼ》れし者は、遂《すい》（浅瀬）を問わざりき。

亡人《ぼうじん》（国を亡ぼす君主）は独《どく》〔断〕を好むのみ。

『荀子』大略

殯《もがり》の意味と皇室火葬とへの誤解

今上陛下の〈譲位希望〉御発言以来、いろいろな議論が公私ともどもなされている。公的には、政府が有識者に意見を徴《ちょう》している途中であり、私的には、ほとんどのメディアがさまざまになんらかの形で触れている。こうした状態が、これからしばらくは続くことであろう。

それはそれで良い。しかし問題は議論や主張の中身である。事柄に対して堅実な理解があった上で、始めて形となる。そういう慎重さが必要であろう、事が事だけに。

しかし、相当に怪しげな議論が出ている。例えば、「忍者」という筆者名コラム「ミスターWHOの少数異見」(『週刊東洋経済』平成二十八年十一月十九日号)がそれである。

天皇御発言中、「殯《もがり》」問題があった。即ち、「天皇の終焉に当たっては、重い殯《もがり》の行事が連日ほぼ二カ月にわたって続き、その後喪儀に関連する行事が、一年間続きます。(中略)こうした事態を避けることはできないものだろうかとの思いが、胸に去来することもあります」という引用がそれである。

これを受けて忍者某は〈殯は、天皇が崩御したときに「天皇霊」を次代に引き継ぐため、ご遺体を長期間安置し分離する儀式だ。……殯の歴史をたどっていくと、……持統天皇の時代に行き着く。……天皇霊の継承の前提となる殯が長期間に及ぶと、まつりごとは停滞し〔問題が起きる〕……宗教学の第一人者である山折哲雄氏によれば、長期間に及ぶ〔殯の〕……プロセスを解消したのは、仏式の火葬だったという。持統天皇は……火葬を採用した初めての天皇だ〉と述べる。

この文を読んで、思った。なにも分っていない、と。引用に従えば、〈宗教学の第一人者〉も分っていないと言っていい。

殯はなにも皇室だけの行事ではなく、一般人においても行ってきているのである。忍者某は、まずその点でつまずいている。

喪儀（葬は、喪儀中の一行為）を体系化したのは、西暦前の儒教である。その儒教喪儀のルーツは風葬にある。

インドのような高温地域では、死後、腐敗がすぐ始まり異臭を放つ。そこで流行病の病菌の拡散防止のためもあって、その難問を火葬で解決した。火葬後、ガンジス川に散骨するので墓は作らない。こうした行為を背景に、死ぬことは死ぬが生まれ変ることができるという輪廻転生論が生まれた。仏教を含めてインドの諸宗教の死生観がそれだ。

一方、中国の黄河流域は北方で低温なので、インドと異なり、死後の腐敗が遅い。死者はさながら眠るがごときなので別れ難い。しかし、死は死なので別離の儀式を作った。それが喪儀であり、そうした文化を担ったのが儒教である。

儒教はこう考えた。呼吸停止を死とせず、死に至る最初とする。そこで呼吸停止者を共同墓地に風葬（野晒《のざら》し）し、白骨化したときをもって死とし、白骨を回収して土に葬る。その場所が、墓。現代では野晒しでなく仮土葬し、一定期間（厳密には二年プラス一日後）後に正式に土葬し墓を建てる。このときに凶である死が完成し、死者は祖先になり、吉となる。この〈呼吸停止から白骨化（死）までの期間〉が殯なのである。その期間すなわち白骨化するまでが約二年であることを経験的に知っていた。そこで三年の葬（二年プラス一日後の墓葬）の儀式を行い、それを重んじた。中国仏教・日本仏教はこれを取り入れて三回忌としたのである。すなわち、インド仏教には、風葬も墓も殯も三回忌もないのである。

この殯は東北アジア儒教文化圏の人々の観念であり、皇室はそれを独自に守り続けてきた。しかし、儒教文化圏の人々はその期間を短縮してきた。日本人大半は、それを日本仏教の中で四十九日という期間で実質化してきた。だから、満中陰《まんちゅういん》をもって納骨する。

以上の話も、端折《はしょ》ったもの。今回、まずは殯の意味を読者の方々に知っていただきたかったのでそこへ話を集中した。

殯の意味を知らず、あたかも殯は皇室固有のもののような口振りの雑論が世上に蔓延《はびこ》っている。それも事実を誤解した上である。しかも、そこから明治維新に話を延長してさらに誤解の議論をしているのが忍者某である。もっと勉強してから、ものを言え。

古人曰く、小人の学ぶや、耳に入れば口に出《いだ》す。口《こう》・耳《じ》の間《かん》は、則ち四寸（わずかの距離。当時の一寸は二・二五センチ）なるのみ、と。

小人の学ぶや、耳に入れば口に出《いだ》す。
口《こう》・耳《じ》の間《かん》は、則ち四寸なるのみ。

『荀子』勧学

政教分離の初歩 ――平野武の言説

近ごろ、市民の意見と称して変なのがあれこれと書いている。とりわけ政治・外交といった、いわば〈限局的《げんきょく》な専門分野〉とは言えない雑然とした分野にそれが眼につく。換言すれば、いわゆるド素人の床屋談義である。ま、それはそれで、そのとき限りの話としてはまともに聞こえる。例えば「スウェーデンでは社会保障が充実している。日本はそれを学べ」と。しかし、彼の国では所得税が非常に高額なのであるが、それは言わない、いや知らない。そういうお笑い草はいいとしても、問題は玄人と称する者の中にも、近ごろは変なのがときどき眼につく。

かつて龍谷大学法学部教授であって、憲法学・宗教法学が専門と称する平野武という人物が、此度の伊勢神宮「遷御《せんぎょ》の儀《ぎ》」に首相が参列したことを批判している。政教分離に反し、違憲性があると言う。

その主張の内、こういう一節があった。「政教分離は人権を保障し、少数派の信仰を守るものでもあるからだ」と。これは、平成二十五年十月二十三日付朝日新聞夕刊のインタビュー記事であり、記者の文ではあるが、ふつうは新聞発行前に本人に取材文内容の確認をするので、まず本人の主張と見てよい。

その主張を読む限り、平野某は政教分離ということの初歩的な意味も分っていないのではないか。

時はフランス革命期に遡《さかのぼ》る。当時は中世と近代の狭間《はざま》にあったが、中世の権威は依然として高かった。すなわちキリスト教(カトリック)が俗世の上にあり、政治(ヨーロッパの王)は下にあった。「教」が「政」を支配していたのである。この体制を壊し、キリスト教を政治の世界から追い出したのがフランス革命であり、「教」と「政」との分離が行われたのであった。これが「政教分離」(厳密には「教政分離」)の本質である。

翻《ひるがえ》って東北アジアを見ると、ヨーロッパとは逆であり、政治(天皇や皇帝・王)が宗教(神道・儒教・仏教ら)を支配していたのである。秦《しん》の始皇帝以来、宗教が政治を支配したことなど一度もなかったのである。東北アジアにおける宗教は、常に政治の支配下にあった。すなわち、正式の僧は〈官〉として仕えていたのである。例えば日本では、僧官として僧正《そうじょう》・僧都《そうず》・律師等があった。

俗に言う「国家神道」も、政治の下にあったのであり、政治を支配したわけではない。もし明治以後、いわゆる「国家神道」が政治を支配したのであれば、警察を指揮してキリスト教徒を弾圧したり、次々と逮捕したであろう。魔女狩りのように。

さて、此度の「遷御の儀」。この宗教的儀式の主宰者、伊勢神宮は、①中世キリスト教風に、「教」が「政」の上として国家に参加を強制し、負託金を命じたのか。②前近代東北アジア風に、「政」は「教」の上として「遷御の儀」の行政的許可ならびに管理監督を政府に請願したのか。

そんなこと、文化財関係の問題以外は、なに一つしていないではないか。つまり今は、「教政分離」「政教分離」がともに定着しているのである。

安倍首相は、①伊勢神宮からなにかを命ぜられたのか。②伊勢神宮に対してなにかを命じたのか。ともにそのようなことはなかった。教政分離・政教分離の事実・実態の中における、すなわち政治的権力と無関係な状態における首相の参列に対して、政教分離に反するという批判は、全く当たらない。

一神教社会では「〔宗〕教〔が上で〕・政〔治が下〕の教政」、多神教社会では「政〔治が上で〕・〔宗〕教〔が下〕の政教」という構造の世界であり、カトリック教会を追い出したフランス革命は「教政分離」となったのである。

平野某は、さらにこう言う。首相の「正月の参拝を問題にしないこともおかしい」と。われわれ日本人の圧倒的大多数の者は多神教徒である。だからこそ、クリスマスイブには、神の子イエスを称えて平気なのである。それのどこがいけないのか。一神教徒の神や信仰と多神教徒の神々や信仰とは、根本的に異なるのである。そういう本質的なことが分っていない平野某は、宗教というものを、イロハからしっかりと勉強しなおすべきである。でなければ床屋談義に終わる。宗教法学専門の教授とは嗤《わら》わせる。

古人曰く、根　浅ければ、則《すなわ》ち末〔枝や葉は〕短かし、と。

根《ね》　浅ければ、則《すなわ》ち末《すえ》　短かし。
本《もと》（根。幹とする説もあり）　傷《やぶ》るれば、則ち枝　枯《か》る。
『淮南子《えなんじ》』繆称訓《びゅうしょうくん》

沖縄と皇室と

普天間基地を辺野古に移すという解決策は、鳩山由紀夫・元首相の愚行・愚論によって崩壊し、安倍政権は一から出直しの状況である。

もちろん、元にもどすためには一歩でも二歩でも進まねばならない。しかし、事は普天間問題だけで済むのであろうか。

やはり、一方、沖縄全体の問題に対処すべきであろう。その核となるものこそ〈日本国としての一体感〉という問題である。

沖縄から見れば、いわゆる〈本土〉に属する日本人は、沖縄問題について、「日本国として」と言い、それが当然と思っている。

しかし、明治五年に琉球を吸収し、さまざまな過程を経ての沖縄県の設置という一連の政策、すなわちいわゆる琉球処分以後において、沖縄は日本国になったのであって、それ以前は日本にも中国の清王朝にも両方に深く関わっていたことは歴史的事実である。

そのため、沖縄人の中には、親中派が数多くいることもまた事実である。その親中派の意識は、身体的・感覚的であり、〈本土〉人の親中、いや媚中派の観念的あるいは利権的意識とは相当に異なる。

にもかかわらず、その辺りを一切考えずに沖縄県民に対して〈本土〉人と同じように考え、同じように行動せよと言うのは、かなり無理がある。特に保守派の論調において。左翼系の連中の言っていることは嘘八百であり、沖縄県民のことを考えているわけではなく、己れらの政治運動として沖縄県民を利用しているだけであるから、論外とする。

むしろ、保守派の考えかたや固定観念を反省すべきである。すなわち、保守派（もちろん私もその一員）は、日本と言えば、伝統として〈皇室・神道・日本仏教〉等が柱であるとして疑わない。

しかし、明治十二年の沖縄県設置後、大東亜戦争敗戦の昭和二十年まで、わずか六十五年しか経っていない。この期間以前の長い歴史において、事実としては、沖縄は皇室と無縁であった。また昭和四十七年に沖縄の施政権が米軍から返還されてから平成三十年の今日までわずか四十六年。合わせても百十年強——これでは皇室への敬愛の気持ちが定着するにはまだ短かすぎる。

であるから、当然のことながら、神道や神社も沖縄県民の生活とまず無縁である。沖縄人には、例えばお伊勢参りはない。

日本仏教もまた同様である。特に江戸時代の寺請《てらうけ》制度（いわゆる檀家制度）が、日本人と仏教とを深く結びつけたが、沖縄には、当然のことながら、当時、寺請制度はなく、沖縄人と日本仏教とはほとんど無縁だった。

沖縄県設置以後、神社仏閣が建てられたけれども、それらは生活に根づいたものではなく、社会的影響はほとんどない。

これが現実である。とすれば、皇室・神道・日本仏教等をもって〈日本国としての一体化〉を主張するのは至難である。

とすれば、まずは真実をしっかりと語る以外にない。小学校から高校に至るまでの日本史の教科書は、本土の歴史と並行して、古代から琉球処分までの沖縄の歴史をたとい少量であっても記し、学校でそれを教えるべきである。

そして琉球処分に至った経緯と、それ以後の日本国としての沖縄の歴史を語ろう。特に沖縄戦について語ろう。それが誠意というものである。

にもかかわらず、これまでそういう誠意や配慮を示すことなく、ただ予算をばらまくだけで来たのではなかろうか。それでは、いつまで経っても真の〈日本国としての一体化〉はできないであろう。〈感覚的一体化〉がなくては、沖縄における基地問題を真に解決することはできない。学校において、沖縄県民にとって何の実感もない江戸時代までの講義だけを受けるのは、空虚であり、苦痛であろう。

まず何よりも沖縄にとって〈実〉があってはじめて、それに対する〈名〉が生まれるのである。

古人曰く、実《じつ》立ちて、〔次いで〕名《な》之《これ》（実）に従ふのみ、と。

実《じつ》立ちて、〔次いで〕名《な》之《これ》（実）に従ふ。
名立ちて、〔次いで〕実之（名）に従ふに非ず。
徐幹『中論』考偽

わが国を貫ぬく変不変の真理

平成二十五（二〇一三）年十月上旬、二十年ごとに社殿を新しく造営し、前から在《あ》る旧社殿におわす御神体の鏡をこのたびの新社殿に移し奉る遷御《せんぎょ》の儀（式年遷宮）を、神宮（伊勢）は行った。同慶の至りである。

聞けば、出雲大社も六十年に一度の遷宮が今年とのこと。これも万賀、万賀。

老生ごとき下々の者は、遙《はる》か遠くよりあれこれ想像するほかないが、諸解説の中には、いささか疑問を覚えるものがいくつかあった。

その筆頭は、二十年ごとの新造営は神社建築技術の伝承を確実にするためという説である。二十年ごとに必ず新造するので、技術が次世代に確実に伝えられ、今日まで絶えることがなかった知恵だと言う。

疑問である。もしそれが本当なら、先述の出雲大社の場合はどうなる。六十年も先では、技術が絶えることになる。にもかかわらず、新造しているではないか。これはどうなる。

世には宮大工・寺大工という職がある。彼らは、いろいろな寺・社の仕事を請け負い、絶えず寺社建築を行って技術を鍛えている。もちろん、昔ほど仕事は多くはないが。技術・技能は、連続的な日々の継承がなければ、すぐ廃れる。例えば老生の場合、或る時期、中国語会話はかなりできた。しかし、寄る年波で中国人と会わず、茅屋《ぼうおく》に籠もる生活の多いこの二十年、その技術は著しく低下した。ほんと。大阪弁なら、ほんま。

老生、想像であるが、こう思う。平均寿命の問題と。すなわち、老生ら漢文屋は、古代人の人生を一世三十年と計算する。もし人間五十年と言えば夢幻《ゆめまぼろし》でなくて長生きだ。『論語』に「後生（後輩）畏《おそ》るべし」とあるが、一世三十年とすれば、先輩後輩の年齢は近く、ほぼ同年輩の感じであっただろう。もっとも孔子は七十三歳まで長生きしたが、例外。とすると、三十年の人生中、継いでゆく当主の活動期間は二十年ぐらいか。だから、創業百年と言えば五代目あたりか。

式年遷宮に真剣に関わるのは、大工も参列者も生涯にただ一度という厳粛さに大きな意味があるからではなかろうか。

一方、法隆寺。式年遷宮の始まりよりは少し前に建立されてから約千四百年、火災は別として、ずっとそのままである。

これまた凄い話。古き良きものを守り続けているのは、日本人の底力である。二十年ごとの新造と千年以上もの墨守《ぼくしゅ》との両者には、正反対のものを併せ持ってゆく日本人のしたたかさがある。

新造――政治改革を良しとする古代の韓非子曰く、治を知らざる者は、必す曰《い》ふ、古を変ずるなかれ常を易《か》（変）ふなかれ、と（『韓非子』南面）。

墨守――明代の王廷相曰く、「千古を閲《けみ》して（経て）変らざる者は、気種（物の素《もと》）の定まる有ればなり」（慎言）と。

変不変と言えば、日本国憲法を後生大事に抱えて七十年の人々がいる。しかし同憲法に不変の真理があるわけでなし、千年（千古）経っても変わらない金石でもなく、ましてこれからも生き続ける法隆寺のような価値はない。

治を知らざる者は、必す曰《い》ふ、古を変ずるなかれ常を易《か》(変)ふなかれ、と。　『韓非子』南面

千古を閲《けみ》して変らざる者は、気種の定まる有ればなり。　『慎言』

日本人の宗教意識は健在

今年も歳末となった。老生、一念発起して書斎の机回りを整理した。ゴミ屋敷状態で、どこに何を置いたのかも定かでない。まずは左手の切り抜き記事の山を解体中、面白いものに出会った。というようなことがあるので、なかなか〈もの〉を捨てられぬ。

平成三(一九九二)年九月十五日付新聞に、総務庁(現・総務省)が世界諸国における『老人の生活と意識に関する国際比較調査』の結果を発表している。

それに依れば、老人にとって一番大切なものは、各国共通して、「家族・子供」となっている。なるほど。

では二番目はと言えば、アメリカは「宗教・信仰」で三七%強、イギリス・ドイツは「友人・仲間」でそれぞれ三七%・三四%強となっている。

さて日本はとなると、二番目に大切なものは「財産」で三七%強であるのみならず、前回の調査(昭和六十一年)のときよりも、九・五ポイントも増えており、老人の財産志向は一段と強まっているとしている。因《ちな》みに、韓国も二番目は「財産」で三二％強。一方、日本は五番目に「宗教」を挙げているが、五％強。

このデータは、今から二十七年も前のものであって、現在はどうなのかは知らない。しかし、昨今の感じからすれば、日本人が大切にするものの項目として「財産」が増え、「宗教」が横ばい、あるいは減となっているのではあるまいか。

という話になると、日本人は、ゼニ・カネの亡者であり、心や宗教に何の関心も持たない俗物であるといった結論に流れやすい。

しかし、そうした結論は早合点にすぎず、真実にほど遠い。周知のように、日本人の多くは多神教徒であるから、一知一能の専門的な神・仏（例えば、学業の神である天神様や病気平癒の仏である薬師様）に必要あるときに参拝して、初穂料やお布施を納めて願いごとの成就祈願をし、現世利益を求める。つまり、必要なときにそれを成就してくださる神・仏に参拝するのであって、ふだんは関係がない。そういう形の宗教であり、キリスト教など一神教の信者のような、常にその絶対者を意識する信者ではない。そういう違いがあるだけであって、どちらが上とか下とか、真の宗教かどうかなどという議論は成り立たない。

という点から見ると、アメリカ人は、〈一神教としての宗教〉を意識するから「宗教・信仰」項目の数字が高く、日本人にはそういう一神教的意識がないからその数が低いにすぎない。多神教的信仰からとなれば、アメリカ人の「宗教・信仰」よりもはるかに多い数字となるだろう。

日本人の宗教の根核は〈家の宗教〉であり、家の祖先（神・仏でもある）を中心に祭祀を行ない、かつは多神教であるという説明や意識を抜きにして、いくら調査をしても、実態からほど遠い結果となるだけだ。つまり、日本人の特質を考慮しない調査をして、文化の異なる外国と百分比比較をしてもあまり意味がない。日本人の〈家の宗教〉の意識は今も健在なのである。

古人曰く、終《おわ》り（父母の死）を慎み、遠き（祖先）を追ふ、と。

曾子《そうし》曰く、終りを慎み、遠き（祖先）を追へば（手厚く祭祀を行なえば）、民の徳、厚きに帰す。

『論語』学而

終　章　老生の立場について

自説に基づく主張

本書の最後までお付き合いくださった読者諸公には、感謝申しあげる。それにしても、最初から最後まで、加地お前は他者の批判、いや悪口ばかりではないかと、御疑問を抱かれたことであろう。当然である。

そこで、なぜそうなのかということについて説明申しあげたい。

老生、研究者であった。「あった」と過去形で記すのは、老生の研究業績は『加地伸行著作集』全三巻（研文出版）に収め、それをもって研究を終了したからである。

もちろん、書こうと思えば、小論文を書くことはできる。しかし、これから新しい学説としての体系的研究をめざしての論文を書き続け、堅固な新学説として完成するには、この高齢では無理である。体力的にも時間的にも。それに、老生の独自の学説としては、今後百年は残るもの二点がすでにあることで十分である。その二点の内容は、前記著作集に収めている。

となれば、研究者としての義務を果したあと、余生を悠々と送るべきであろうが、性来、他者の愚論を見たり聞いたりすると、たとい一般的言説であっても、研究者の宿命である批判精神がムクムクと起ってくる。そのムクムクが本書となったというわけである。

しかし、ムクムクばかりでは物足りない。そこで、老生の学説の一つを底に敷いての講演を終章として加えることとした。これは、老生の自己紹介でもある。

平成十四年十一月九日、関西大学法学研究所主催の第二五回現代セミナーにおいて、「文明の衝突から対話へ――アジアの宗教から考える」のテーマの下、老生と杜維明ハーバード大学教授（欠席）とが報告者となり講演し（杜氏の原稿は代理者の陶徳民氏が代読）、そのあと質疑応答があった。

右の記録（質疑応答は老生関係に限定）を本書の終章に充《あ》てたい。これによって、老生が野次ばかり飛ばしているのではなく、或る思想的立場に立ち、常に事の本質を念頭に発表しているその分りやすい例としてお読みいただければ幸いである。内容としても、一神教内の中近東・欧米・イスラエル三者の対立という現代の最大問題が根底にある。

講演――なぜ一神教を理解するのは難しいか

「文明の衝突から対話へ――アジアの宗教から考える」という大テーマで、いま、この大変な時期に、アジアから提言をせよということでございますが、はっきりいって無理なテーマだなと思いました。「これはできない」と私は始めから、そのように思っているわけでございますが、できないのを何とかできるような話をせよというご趣旨かと思いますので、無理やりお話し申し上げたいと思います。

ただいま、陶徳民先生の方から、本日ご欠席の杜維明先生のご提言をお伺いしましたが、極めて観念的な提言と思います。そして、対話をといわれても、それは無理なので、根本的なところからの提言がないことには、文明間の対話にならないだろうと、私はそのように思うのであります。そのことを私なりにもっと具体的な提言をしなければ対話は無理と思いますので、最後はそうした提言に入っていきたいと思います。

ユダヤ教、キリスト教、イスラム教三種の一神教の方々が憎しみあって殺し合いをして、絶対にお互いに許さないというふうになっている状況は、一神教的信仰感覚の乏しいわれわれ日本人にはほとんど理解不可能です。のみならず、世界の多くの地域においてもおそらく理解不可能な事態だろうと思うのです。

そこで、なぜ、われわれが理解できないかという、そのことをまず理解する必要があると思うのです。そのことから、お話し申し上げていきたいと思います。

私は、個人的には真言宗の信者でございまして、日本仏教の仏教徒でございます。いま申しましたユダヤ教、キリスト教、イスラム教という一神教の方々の神に対する観念というものを私は理解できません。私のみならず多くの日本人、朝鮮民族、中国人すなわち東北アジアの人々はそうであろうかと思うのであります。

なぜかと申しますと、一神教の場合の神は全知全能でいらっしゃって、お一方《ひとかた》が何でも知っておられ、何でもできなさるという神を想定しているわけですが、私たち日本人には、そんな感覚はまずないと思うのであります。われわれは、全知全能の神というものをバラバラと解体しまして、一知一能の神にしているわけです。つまり、八百万《やおよろず》いらっしゃる。例えばここにコップがありましたら、すぐコップの神様を作るわけです。マイクがあればマイクの神様、お鍋があればお鍋の神様と。そしてコップの神様はお鍋のことについて何も分らないというふうになる。この部屋でもイスの神様、壁の神様、ドアの神様、ノブの神様をすぐわれわれは作る。われわれは神というものを一知一能、専門的な神というふうに考えておりますから、全知全能の神という感覚は生まれてこないわけです。

日本ですと、子供が例えば大学を受験するとなりましたら、親御さんは子供が合格しますようにと、天満の天神さんにお祈りに行きます。なぜなら、菅原道真公は学問の神様ですから、そこへ行って合格祈願する。ところがもし、その方ががんでありましたら、がん封じに天神さんにお参りしても効かないわけです。天神さんは学問の神様ですから、全然方向が違っている。がん封じの神様、仏様を探して、お参りに行くことになるでしょう。

さて、天神さんを拝んだけれど大学受験に落ちたとします。浪人して翌年受ける場合、違う知恵の神様か、お寺を探して、例えば堺の家原寺《えばらじ》へ行き、御本尊の文殊《もんじゅ》さんに大学合格をお祈りするかもしれません。その際、去年の賽銭は千円だったから拙《まず》かった。今年は五百円足して千五百円にする。五百円の効き目が大学合格になると、こういうわけです。神々を取捨選択し、なおかつ賽銭の額で効き目を図るというのが、多神教のわれわれの感覚なのです。皆さんもおそらくそういうことでしょう。

ですから、日本でクリスマスにイエス・キリストを祀るといっても、イエス・キリストは八百万の神の内の一人としてとしか見ていませんので、あくまでも十二月二十四日夜から翌日にかけてだけの、一日半限定の神様です。もう一週間経ったら今度は神社へ参拝する。われわれはそれで平然としております。

大阪のある高等学校。進学校で有名なところで、カソリックの経営です。するとお母さんたちは、子供が高校へ入学しますと、学校にお世話になっているからと、みな洗礼を受けてクリスチャンになるそうです。ところが、高校三年で卒業したら全部クリスチャンをやめるのです。期間限定型の信仰というわけです。こういうことを平然とやって、一つもおかしいと思わず、「当たり前ですがな」と思う。そのように一知一能の神を持っているわれわれには、全知全能唯一最高絶対者の神という感覚は生まれないのです。

しかし、日本の宗教の中でも、それを求めようとしていらっしゃるところもあります。例えば真宗系がそうです。真宗の門徒さんたちは、阿弥陀さんにすがって浄土に往って生きるという気持ちでございますから、阿弥陀さんを一神教的な感覚で理解しようとしておられます。しかし、それはほとんど成功していません。実は真宗大谷派の方々で明治から活動していらっしゃるものに同朋運動というものがあります。これは、家の宗教を越えて、個の自覚の宗教へという運動をしておられる。個の自覚というのは、阿弥陀さんに対する一神教的な信仰心を持てという意味でございます。家の宗教とは何かといいますと、祖先を祀るあり方です。そういうものから抜け出て阿弥陀一尊へ向かう運動を同朋運動というのです。

実は、私が『儒教とは何か』（中公新書）という本を書きましたときに、すぐお東さんから話があり、講演しろと。なぜなら、真宗大谷派は戦後一貫して家の宗教から個の自覚の宗教へという運動をしてきたけれども、うまくいかない。日本人は全部家の宗教へ戻っていく、なぜか、その話を聞かせろということでございました。日本でも一神教に近いような運動をなさっている真宗大谷派の同朋運動も、決して個の自覚の宗教にいかない。個の自覚の宗教を徹底しますと、一神教への道ということになるのでしょうけれども、実践活動をしていらっしゃる門徒さん自身、なかなかうまくいかないとのことでした。

われわれが一神教的感覚を持つことは非常に難しい。このことをまずしっかり認識しなければならないと思うのです。ですからユダヤ教やキリスト教やイスラム教の方々の主張を、われわれは本当に理解できるのかというと、非常に困難ではないかということが、まず前提にあると思います。

はじめは絶望的な話から入っておりますが、それでも何らかの対話のできる方法へと行きましょう。

宗教をランク付けする弊害

さて、そこで、それだったら、われわれ多神教徒が一神教徒へ提言をするとします。私自身の提言は後から申しますが、或る提言をすると、きっと一神教の方々から拒否されます。なぜかといいますと、これにはとても難しい問題がもう一つ出てくるからです。それは一神教の教義・教学からいって、多神教というのは程度の低い宗教だという見方なのです。つまり、宗教のスタートはアニミズムとかシャーマニズムといったようなものから始まる。アニミズムは、ご承知のように、こういうコップのようなものにも魂があると考える宗教感覚です。ものみな魂があるという考え方ですから、例えばこのコップを私がグシャと力を入れてつぶしたら壊れます。壊れるとどうするか、これは単なるモノにすぎないと見る見方がある一方、いや、そうではない。このコップは生き物である、魂がある。だから、つぶすことは魂に死を与えることだ。その魂はかわいそうだから、供養してやろうという形で慰霊を行うわけです。そういうものの流れから、あの世から魂をこの世にもどすシャーマニズムが出てきます。

アニミズムとかシャーマニズムとかは、宗教の一番原初的なものだという考え方なのです。そこからレベルが上がって多神教になっていって、さらにレベルが上がると一神教になっていくのだという考え方です。そして、キリスト教神学では、その最高レベルにキリスト教があるのだというドグマを作っているのです。それはあくまでもキリスト教や一神教からみた宗教の定義にすぎないわけですが、なにしろ一六世紀以来、キリスト教文化圏は軍隊を持ち、宣教師を送って全世界を制覇していきましたから、キリスト教の教義が全世界の宗教に影響を与えていったわけです。いみじくも日本でも明治になってから、多くの学生が欧米へ留学して、帰ってきた中の或る人が宗教学を開きました。東京大学は日本の最初の大学ですが、そこで開いた宗教学の内容は、ほとんどヨーロッパの宗教学の敷き写しなのです。

ヨーロッパの宗教学とは何か。それは決まってキリスト教神学というものをベースにした宗教学です。すると、日本の宗教学では明治初期から、一神教が最高のものである、多神教はその次のレベルである。それから、ずっと下がってシャーマニズム、アニミズムがあるのだという形で、大学の宗教学が始まったわけです。当時、日本にありました様々な土俗宗教、例えば極端にいいますと「コックリさん」などがあるわけですが、そんなものは邪教だから認めないという形でずっと来る。その明治の大学で学んだ人間が、今度は各地の大学の教員となって派遣されていきます。すると、各地の大学で同じことを言う。それを百年繰り返していくうちに、日本の宗教学は見事なまでに、明治以来の一神教を最高とするドグマをずっと広めていきました。私が学生時代に受けた宗教学など、まさにその典型でした。要するに一神教は最高であるという宗教学が日本の宗教学界並びに宗教界を覆っていて、今日もほとんど変わっていないわけであります。

これがある限り、一神教の方々にしてみれば、多神教なんてレベルの低い宗教じゃないか、そういうところの連中が何を言っているんだということになってしまうわけです。第一に一神教は理解しにくいこと、第二は宗教学的にそういうバリアーがすでにあるということ。特に、日本の文学部の宗教学においては、それは依然として根強い考え方です。

ですから、いま申しましたように、シャーマニズムやアニミズムなどは、非常に次元の低いものという形で考えるから、日本の宗教界の説明がうまくつかないと私は思うのです。

宗教としての儒教

私は儒教を自分なりにいろいろ考えておりますうちに、儒教というものが長い歴史の中、ずっと力を持ち続けてきた背後には、やはり宗教だから持ったのだろうと思いました。道徳なら、絶えず時代とともに変わるわけですから。では、儒教の宗教性とは何か、私はずっと考えていきました。そして私はついに、大学における、あるいは宗教学における宗教の定義をひっくり返さなければ、儒教の宗教的位置づけはできないと思ったのです。

どういうことか、いままで申しあげた、宗教にランキングがあるというような考え方では、決して儒教は位置づけられないのです。というのは、儒教に現われておりますのは、まさに家の宗教であり、祖先を祀ることを中心にするものですから、いわゆる一神教的な、特にキリスト教的な定義からいいますと、それは低いレベルの宗教でしかないし、彼らはおそらく宗教とはいわないでしょう。そこで、私はいろいろ考えた結果、一つの方法に到達したのです。それは、宗教しか扱えないものを扱っているものを宗教の定義にしようとしたのです。すると、宗教しか扱えないものは何かということであります。

そうすると、宗教から引き算ができるわけです。例えば政治、これは政治学が担当できる、道徳は倫理学が担当できる、というふうにどんどん引き算していきましたら、一つだけ残るわけです。各宗教に共通するものは〈死〉ならびに〈死後の説明〉です。すなわち〈死ならびに死後の説明〉は、宗教以外のものでは扱えないと私は考えていったわけです。

例えば、私はこういうことはあまりよく存じあげませんが、キリスト教の場合ですと、アダムとイブはエデンの園という楽園から追放されたときに――アダムとイブというのは人間を表すと思います――死の支配を受けるようになりました。エデンの園におれば死ぬことはなく、死というものがなかったのに、追われたことによって人間の苦しみがさらに加わって、現在もなお死の支配を免れることができない苦しみを負っていくというくだりがあります。つまり、キリスト教もはっきりと、死という運命を免れることができない存在という形で人間を考えようとするわけです。そういうふうに、おそらく各宗教を細かくみればいろいろあるのでしょうが、「宗教とは、死並びに死後の説明者である」という私なりの定義を行って、そして儒教を見ましたら、まさに儒教は死並びに死後の説明者であったのです。

そこで、私はそういう意味において儒教は宗教であるということを言い続けているわけであります。

私以外に、儒教は宗教であるとおっしゃる方もありますが、大半の方は、キリスト教的な一神教的な定義をそのまま持ってきまして、その形で儒教の宗教性を論じているのが大部分です。つまり一神教がいっておりますのは、まず絶対的超越者というものを作る。そしてその全知全能的なものに対する絶対信仰というようなことになるわけです。大抵の宗教はみなそれです。そこでそれを真似しまして、孔子という人を極端に崇めて、神に近いような形におくといった宗教システムを作り、儒教の宗教性を唱えるというのが圧倒的です。儒教の宗教性を唱えるほとんどの方はそういう形なのです。しかし、それは宗教の定義として私は弱いと思いますし、崩れると思うのです。孔子は何も全知全能の人ではありませんし、イエスのような神の子でも何でもないわけですから。そこで、私は、〈死〉という問題が、あらゆる宗教を結ぶ共通の枠であろうと考えているわけです。

そういう目から見る以外に、多神教のわれわれは、一神教の方々と対話ができないのではないかと思うわけです。それがまず前提です。

その次に入りましょう。いくつかの問題点があり、最初にそれについて申しましょう。

キリスト教は、多神教を超えて一神教へというランキングを作ってきた宗教ですが、それなら、キリスト教は本当に純粋にそれでやってきたのかといいますと、そうでもないのです。迫害されておりましたキリスト教が西暦三一三年に公認され、そこからキリスト教は全世界に拡がっていきます。そしてローマ帝国からお墨付きの「国の宗教」というような形で拡がっていきますが、まず、人材難です。いままで迫害を受けてきましたから、沢山の人が殺されていて、人材が足らない。組織もありません。組織もなく人材もいないのに一気に表舞台に出てきました。そうすると、どうしようもないわけです。

そこでどうしたかというと、例えばここに熊を信仰している土俗宗教があるとします。この熊公の頭をなでると御利益があるという宗教があったとしましょう。そこへキリスト教が乗り込んで行って、この熊公を放り出してしまい、代わってそこに新しくマリア様の像を置くわけです。翌日、お参りに来た人は、昨日まで熊だったのに、今日からマリアになっている。おかしいと思うのですけれど、程度が低いですから、まぁ、頭をなでたら治るだろうとマリア様の頭をなで始めるわけです。熊であろうとマリアであろうと変わらないと、そこでマリア信仰みたいなものが根付いていく。つまり土着宗教をどんどん乗っ取っていった。ですから、キリスト教の中にハロウィンといって、化け物が出てくるような話があるでしょう。あれは、キリスト教の教義からいいましてもおかしいです。しかし、そういうものを平気で、ハロウィンの日にはお化けが現れることを楽しんでいる。あれは、おそらくハロウィンの土俗宗教があったのでしょう。それを乗っ取ったわけで、乗っ取った上にキリスト教のカバーをかけていった。そうしなければあんな大組織はできません。そうやって次々と乗っ取っていって、土俗宗教の上にキリスト教が拡がって組織化していったわけです。

しかし、やがてシステムができあがりましたら、そういう土俗宗教が新しく出てくることを許さない。今度は魔女とか、そういうものは許さないという形で遮《さえぎ》る。そうしてアニミズムやシャーマニズムや多神教的なものは全部コンクリートで固めるように人に見せないようにして、その上にキリスト教が乗っかって千数百年、キリスト教の下に、本来全世界にあった土俗宗教的なものをただ押し込めてきただけなのです。

ところが、キリスト教の力がだんだん弱ってきましたから、このコンクリートの裂け目からそれが出てくる。あっちこっちで割れてくる。キリスト教が力があった頃は、割れ目ができると魔女狩りをして上を覆ったが、もう覆いつくせないという段階で、コンクリートの裂け目の下から現れてきたのは多神教的なものであり、アニミズムやシャーマニズムです。彼らの中で集団自殺するとか、慰霊祭を行うとかいうことが出てくるわけです。われわれ日本人からみますとそんなものは別に珍しくもなんでもないのですが、長年固めてきたキリスト教世界では、むしろ珍しい。そこで諸宗教というものがキリスト教と敵対するような関係で出てくる状況になってきた。キリスト教は非常に無理なことをやってきたということです。

いま、裂け目から様々なものが噴出してきているわけで、つまり、われわれ人類にほとんどずっと共通していたようなものが、キリスト教文化圏のあちこちで、自由に出てきているると思うのであります。

人類の共通性としての自然と祖先祭祀と

すると、次のことが言えるのではないかと思うのです。まず、ごく素直に考えて、一神教であれ、われわれ多神教であれ、共通性のあるものは何か。第一は、自然だと思います。この自然の持つ神秘的な力というのは、大きいと思うのです。太陽は昇る、日が沈む、嵐、森林、きれいな水といった自然に対する態度は、人間が生物である以上、持っている本能的な自然への気持ちですから、どの宗教にもあるかと思います。

しかし、これは下手をすると単なる素朴なものになりかねない場合がありますし、自然の受け止めようによっては、各民族みな違うこともありましょうから、非常に荒っぽい括《くく》り方でしかないのも事実です。ですから、自然といって全世界の宗教を絞っていく場合は、やはり漠然としたものでしかないだろうと思うのも事実です。しかし、各宗教に向かって話ができるという意味におきましては、自然というものの可能性は高いと思います。

東京の方で、送葬の自由を進める会というのがありまして、お墓はやめよう、骨は亡くなったら散骨しよう、骨は自然に戻すのだという運動です。その散骨グループでシンポジウムがあって私はパネリストの一人として行きましたが、訳の分らないことを言う。つまり、死後においては何もしない、お墓も建てないという。そして、散骨をどうするかというと、美しい自然のところに骨を捨てたいというのです。富士山の麓であるとか、きれいな湖のところへ骨を捨てたいと。そこで、私は、捨てるのだったら別に富士山の山麓やきれいな湖でなくてもごみ箱でもいいのではないですか、変わりはないと言うたのです。ところが、ごみ箱は嫌だという。嫌だといったって同じことでしょう。私はごみ箱へ捨てるのと富士山の麓に捨てる違いを示せと言ったのですが、論理的に示せない。ですから、ごみ箱は嫌だというあさはかなことを言ってはいけないのです。しかも、捨てに行くのに二十五万円を取るのです。冗談じゃない、私ならただでやってあげます。あんなものは。二十五万円もふんだくって自然葬と称してやっているのがいるから困るのです。真面目に考えろと私は言いたい。自然葬をするならごみ箱、これが一番最高です。それが一番の明解な散骨でございますので、変なことをやってはいけないと私は思うのであります。

自然の問題は、いま言いましたように、各々解釈が違ってきますし、宗教というのは人間が集まる集団でしょう。人間の集まる集団に対する説得力としては、美しいけれども私は弱いと思うのです。しかし、可能性はある、これは何か探れる道があるのではないかと思いますので、これが一つです。

その次に、われわれ人間同士が納得できるような共通性のあるものは何か。一神教であろうと多神教であろうと、人間が関わっているわけですから、人間誰しも納得できる、関わりのあるものは、祖先ではないかと思うのであります。祖先とのつながりが説得力を持つのではないか。われわれ日本人は、多神教といいながら、事実上、ほとんどは祖先とのつながりを強烈に意識しているわけです。これは日本人のみならず、朝鮮民族、中国人、つまり東北アジア、儒教文化圏に非常にはっきりした形で出ています。

先ほど陶先生のご説明で、ハーバード大学の杜維明氏が、東アジアの宗教の交流は平和的であって、仏教受容は平和裡に行われたといっておられますが、ちょっと異論があります。東アジアの交流が平和的とは思いません。仏教の弾圧をものすごくやっています。仏教は酷い目にあっていますし、もし仏教が平和的に受け入れられたというのでしたら、インド仏教が中国仏教や日本仏教の中に生きているはずです。それはありません。インド仏教は中国に入ってきまして儒教的な死生観を採り入れて生き残ったのであります。日本仏教も当然そうで、だから仏教が平和裡に受け入れられたのではなくて、仏教が変容したわけです。つまり、儒教的なものを取り込んで存在している。それを平和裡というなら平和裡ですが、インド仏教とは全く違った宗教になっているということです。

私は常々言っておりますが、インド仏教と日本仏教・中国仏教とは別の宗教です。それを仏教なんて同じ言葉でいうものですから話がごちゃごちゃになるので、全く違う宗教であると言いたい。

そこで、日本仏教は儒教的なものを採り入れて、例えばお仏壇を大事にしておりますが、お仏壇には仏教的にご本尊があって、その手前に位牌が並んでいる。位牌は先祖の御霊の帰りつくところです。仏壇はその二つの構成からなっています。インド文明をあらわすご本尊のインド仏教的なもの、手前に自分とのつながりのある儒教的な祖先の位牌が並んでいるわけです。それで、どちらを大事にするかといったら、日本人の気持ちは位牌の方を大事にする。私は子供の頃、戦争中で米軍の爆撃がありました。空襲警報が鳴ると、母が仏壇に走って行きまして、亡くなった祖父母の位牌を白い布で巻いて懐に入れて、子供のわれわれの手を引いて防空壕に避難しました。ご本尊は放ったらかしです。子供心にも仏壇で大事なのは位牌だなと思ったわけです。本当は位牌よりもご本尊を持って走らなければいけません。しかし、日本人はお仏壇からご本尊を持って走る人は少ない。これは心の中でやっぱりつながりは祖先との方が強いから、パッとそういう行動に出るわけです。

ですから、皆さんがお葬式にまいりますと、お葬式には柩《ひつぎ》があります。その柩の向こうに本当は仏式葬儀ならばご本尊がいらっしゃらなければいけません。ところが、ご本尊を家から移してくるのは大変ですから法軸といいまして、「南無阿弥陀仏」とか、私の家は真言宗でありますから「南無大師遍照金剛」とか、そういう法軸をかけてご本尊の代わりとし、その前に柩を置いて仏式葬儀をするわけです。そこでご焼香が始まる。ところが、焼香をする人の百パーセントは「南無阿弥陀仏」も「南無大師遍照金剛」も関係なく、亡くなった人のために祈っているでしょう。おかしい、本当は柩なんか横に置いてもいいわけです。本当は「南無阿弥陀仏」「南無大師遍照金剛」という法軸の方を拝むのです。しかし、みんなそちらには見向きもしていない。つまり、仏式葬儀といっても、みなご本尊には何の関心もないというのが大体日本人の現実です。つまり、目の前の亡くなった人の柩、後日には位牌となる人とのつながりをわれわれは強烈に意識している。これが家の宗教というものです。

多くの人々は、自分の祖先とのつながりを大事にし、祖先を祀ることに一生懸命です。それは儒教的なものであり、日本仏教はそれを採り入れているということです。そうしますと、ここが一番の大事なカギになるだろうと私は思っているのです。

一六世紀に、中国にキリスト教の宣教師がまいりまして、拡げようと努力します。ところが拡がらない。その原因をキリスト教の宣教師がバチカン法王庁に「こういう理由で拡がらないので、これは改めてほしい」という手紙を何度も出しているのです。どういう内容かといいますと、「祖先を祀ることを許してくれ。そうしないと中国人はキリスト教というものに入ってきません」という手紙です。答えは全部決まっておりまして、「ノー」です。一六世紀といったらバチカン法王庁は世界最高の権威です。その頃に、祖先の祭祀を認めるという、そんなキリスト教はあり得ないわけです。唯一なる神のみを崇めることしか許しません。ましてバチカン法王庁にしてみたら、アジアの果ての野蛮人どもの住んでいる国としか思っていなかったでしょう。宣教師たちは困ったわけです。いくらバチカン法王庁に祖先を祀ることを許してくれといっても許されませんから、いくら布教しても中国人はついて来ない。多少のクリスチャンは生まれます。けれども大多数の中国人は、祖先を祀ることを許さない宗教なんてものは問題にもしません。ですから、キリスト教というものは、そこで大きな壁にぶち当たるわけです。同じことは日本でもいえます。日本でキリスト教の解禁は明治六年で、以来、百数十年経ちますが、いまだに信者が百万人を超えることはないのです。あらゆるキリスト教の派をあわせても百万を超えていないのが現実です。キリスト教は祖先を祀ることを認めない。これが大きなバリアーになっているわけです。何も迫害したから伸びないのではなくて、そこのところが大問題なのです。韓国においてキリスト教のある一派が、一定の勢力をもって拡がっている大きな理由は、祖先祭祀を公認はしなくても黙認しているから、非常に受け入れられやすいのです。

生命の大切さを連続性から説く

そういうことで、われわれ東アジアの人間は祖先を祀ることを非常に大事にするが、キリスト教はそれを許さないわけです。しかし、ここだと思うのです。私は、キリスト教だって父母を敬えということはモーゼの十戒の中にもありますから、自分の父母を大事にしなさいということは基本的にあるわけです。そして実際、キリスト教徒でないアメリカ人が「日本人は幸せだ。なぜなら日本人は亡き祖父母とか、自分たちの遠いルーツの祖先とのつながりを意識して非常に幸せではないか。自分たちは、徹底した個人で生きていかねばならない生き方の中で非常に寂しいときがあるけれども、そのとき信仰を持っている者は神にすがれるが、信仰を持っていない者は、どうにもすがりようがないのだ」ということを書いておられたエッセイを読んだことがあり、よく分ります。

たまたま、この間、テレビのドキュメンタリーを見ていましたら、ドイツにおける老人ホームの様子が出ていて、非常におもしろかった。ドイツの老人ホームの男性たちの集まっている部屋がありまして、十人くらいが一日中話をしている。ところが、その番組の最後がすごかった。そうやって集まって話をしている老人たちが、夕方になるとイスを同一方向に向けるのです。円くなって話をしていた老人が、夕方になると座席を或る方向にみんな向けているのです。どの方向かというと、ドアなのです。ひょっとしたら、今日、家族が来るかも分らない。それを待っているというのです。ものすごく切ないシーンでした。個人主義で生きているドイツ人、その老人ホームにいるドイツ人の老人たちが、夕方になるとドアの方にイスを向けて、家族がひょっとしたら今日訪れてくれるのではないかなと思って見ている。しかし、誰も訪れて来ないというシーンで終わったのです。非常に私は考えさせられました。日本では、おそらくそういうことはまだないと思うのです。家族が訪れてくるでしょう。しかし、個人主義の社会では、家族が訪れなくても一人で生きていかねばならないという世界なのでしょう。私は非常に切ない思いで見ておりました。

家族に対する思いというのは、これは欧米人であろうとわれわれであろうと変わらないはずです。すると、家族の亡き人に対して思いを寄せて、先祖供養とか祖先を祀ることは、言いなおせば、亡き人の想い出を語ることです。結局、はっきり言えばそういうことなのです。亡き人の想い出を語ったり、亡き人を思い出すのはすばらしいことです。それが日本では、祖先を祀ること、先祖供養という形で、日本仏教の中に入っている。儒教的な形でそれが言われるということです。そうすると、祖先を祀ることを、一神教のユダヤ教やキリスト教、イスラム教の人たちも、許し得る可能性があるのではないかと思うのです。これまでのように極端な原理主義で、祖先を祀るということは神に対する冒瀆《ぼうとく》だとか、そんな非難ではなくて、祖先を祀るというようなところで一神教の方々が歩み寄るというか、許容、寛容が出てきたときに、われわれ東北アジアの者は、みんな祖先を祀るということを大事にしてきましたから、そこに共通の輪ができるのではないかと私は思うのです。

しかも、祖先を祀るということは、何も亡き人の想い出ということだけではありません。ご承知のように、儒教ではもう一つ肉体に対する重要な考え方があります。それは「遺体」という考え方です。「遺体」を最近の日本語では「死体」という意味に使っていますが、もとは『礼記』という中国の儒教古典の中に、古くからある言葉です。法律用語で「遺言《いごん》」というのがあり、遺した言葉ということです。死にゆく者が遺した言葉が「遺言」であります。同じく「遺体」というのは、文字通り「遺した身体」ということなのです。誰が遺した身体であるかというと、私の身体は父母の遺した身体であるという意味なのです。父母の身体は当然祖父母の遺体になるわけです。「遺言」も「遺体」も同じ形式で、遺した言葉、遺した身体ということです。ですから、そこに命をコピーとして遺していっているのだというのが、儒教の身体観となるわけです。つまり生命の連続ですよということです。私は、偶然という言葉をあえて使わせていただきますが、偶然ながら今日の生物学も同じことを言っているわけであります。つまり、生命とは何か、遺伝子が個体を乗り換え乗り換えしていっているということを一つの定義にしています。私の身体はやがて老化していきますが、私の子供という新しい生命のところに遺伝子は乗り移っていっている。これが生命の概念です。コピーをしていくことに非常に似ているわけで、生命の連続ということでしょう。この点は、私は一神教の方々も理解できるのではないかと思うのであります。

そうすると、生命の連続ということが理解されますと、それぞれの人間は単一の個別的個体ではなくて、その背後に祖先とのつながりを連続して持っている貴重な存在なのだということ、かつ、それがただ一時的に預かっているだけで、その生命は後世へも続いていくという役目を持っているということになるわけです。生命の連続という意味合いは、〈各自の生命の貴重さとは、単なる個別の個体でないのだということを現している〉のではないかと私は思うのであります。

生命の大切さを文部科学省が言っていますが、下手をしたら生命の大切さへの理解も教育によってめちゃくちゃなことになりかねないわけです。例えば宗教的な生命の連続というふうに教えていたらいいのですが、最近そんなことは教えていませんから、いまの学校は小学校から大学に至るまでみんな個人主義を教えていて、実際は利己主義的になっているわけでしょう。そういうところへ生命を大切にしましょうよといっても、「それはそうだ、おれの命が大事だ大事だ、ほかのやつはどうでもいい」となるわけです。利己主義者に対しては、下手をしたらとんでもない教育になってしまうわけです。しかし、キリスト教、ユダヤ教、イスラム教の教育を受けた人は「生命を大切にしましょう。それは神が創りたもうた生命である」。これが一神教でしょう。われわれだったら、「生命を大切にしましょう。祖先から伝わってきた命なのです」という形で出るでしょう。「私だけじゃない、A君もB子さんもそうなんだ」となるでしょう。そこのところで神が創りたもうた生命ということに、もう一歩東北アジアのわれわれの意見を受け入れて、神が創りたもうた生命は原型かもしれないが、しかし、現実には祖先とつながっている生命であり、生命の連続なのだという理解を一神教の方々がもしするならば、人を殺すことは重大なことになるという意味が出てくるのではないかと私は思うのであります。

人の生命を断つということは、単なる個体の抹殺ではなくて、その方の背後に続いてきた祖先からの生命の連続を断つということになるわけです。

一神教と多神教のわれわれとは断絶があります。単なる宗教論争をしましても、とても一致できないと思います。しかし、もしわれわれが異なる宗教観の間で対話を行っていこう、われわれから何かを提案しようということでしたら、私は一つのカギとして、祖先とのつながりというところで共通項を作っていける可能性があるのではないかと思っているわけです。

それと、もう一つは自然ですが、自然は先ほど申しましたように、少し説得性が弱いかなと思うのでありますが、しかし、自然というものと祖先とのつながりという二点をわれわれが根気よく一神教の方々に説けば理解できる可能性はあるのではないかと思うわけです。これが私が儒教からみての一つの提言です。

いろいろ考えてみたのですが、考えれば考えるほど、東北アジアのわれわれの生き方と一神教の方々の生き方とはやはり違うということを痛感しております。しかし、どこかで歩み寄りができる可能性を探っていく以外に、この難問を解決していく方法はなかろうと思うのです。ただ殺し合いをすればよいものではないと私は思うのであります。

質疑応答——東北アジアはなぜ儒教文化圏か

司会　では、質疑応答に入りたいと思います。東アジアを儒教的として提示することの妥当性はどうかということ、そのあたりからお答えいただいたらありがたいのですが。

加地　東アジアを儒教的と言ってよいかということですが、私は発言のときにも書きます場合にも、東アジアという言葉を使うことは一度もありません。私は東アジアという地域の場合、東北アジアと東南アジアとは別の文化領域と思っておりますので、東アジアというと東北アジアと東南アジアと両方一緒になるわけです。私は東北アジアと東南アジアとを分けるべきだと思っております。東南アジアの方は、原始仏教の場所であり、イスラムが入り、キリスト教が入り、とにかくこんがらがっている状態であり、かつ土俗的なものも残っている。東南アジアというのを一括して議論するのは非常に難しいことであろうと私は思っております。

しかし、東北アジアは、中国、朝鮮半島、日本、ベトナムの北部というところは、これははっきりと儒教文化圏というふうに扱うべきだという考え方がまずあります。

それで、東南アジアは、私、よく分りません。あそこは多種多様な宗教や文化が混淆《こんこう》し重層しておりますので、東南アジア全体を包括しての分析というのは、ほとんど不可能だろうと思います。ですから、むしろカンボジアの問題とかタイの問題とかというふうに分けなければ非常に難しい地域であろうと思っております。

欧米の人はよく東アジアといいますが、それは非常に荒っぽいとらえ方だろうと思っております。それが、まず第一です。

それから、念のために、最近、北東アジアという言葉を新聞でちらちら目にしますが、気に入らないです。あれは外務省がノースイーストという英語を直にそのまま訳して北東アジア課長とかいっているのですが、ノースイーストを訳したら東北です。北東ではないです、あれは誤訳です。東北大学を北東大学と言えといったって絶対承知しないでしょう。われわれ東北アジアの人間は、東・北というふうに言うのですから、北東なんてとんでもない間違いです。すみません、ちょっと横に逸れました。

東北アジアは、儒教文化圏です。これは儒教が極めて早い時点で記録を残していましたから儒教といっているだけであって、実は、中国、朝鮮半島、日本、こういう地域にあった様々な宗教の元々の原宗教意識とか、行動とか、そういうものをいち早く記録したのが儒教です。ですから、儒教文化圏といいますが、事実上は東北アジアの或る文化を儒教が代表して述べていると、そういうふうに理解するのが正しいだろうと思うのです。

ですから、儒教が記録をもってシステムをもって朝鮮半島に拡がり、日本へ拡がってきたときには、朝鮮民族も日本人もすぐそれを受け入れられたわけです。なぜなら、自分たちのしていることを、そのとおり書いてあるのですから。そういうことだと思います。だから、根本的には東北アジアにあった一つの原宗教的なものを表現したのが儒教であるという意味での儒教文化圏ということを私は言っているわけです。そこを誤解ないようにしていただきたいと思います。

他律による教育の重要性

加地 御質問用紙を見ますと、心の習慣とありますが、これは私、意味がよく分りません。どういうことなのですか。

A氏 一言でいえば、文化的・宗教的なエートスにもとづくライフスタイルと言えるように思います。

加地 ライフスタイルで申しますと、私はいくつかのところで述べておりますが、実は、これは根本的なところの問題がいま日本の様々な宗教にも出ていると思うのです。プロテスタンティズムの影響が非常に強く、心の内面化を高めていくことがヨーロッパの大きな基になる考え方だったと指摘されていますが、まさにそうです。今日の日本の道徳論は、ヨーロッパの物まねをして、みなそこに発しているわけです。すると、心の内面化を高めるということは、自分を厳しく律する自律ということです。私はこの自律ということは、一神教の方以外には無理だと思うのです。一神教の場合ですと、神はいつも見ておられますから、自分を厳しく律せざるを得ないのです。ですから、たとい個室に入っても神が見ておられるわけで、イスラムの方もキリスト教の方もユダヤ教の方も自分を厳しく律すると思うのです。しかし、われわれは一神教という絶対的、超越的な抑止力はありませんから、個室に入ったら悪いことを一杯する。誰も見ていないからと。それがわれわれなのです。だから、われわれは自律などできません。私、太鼓判を押します。なぜなら、儒教の大学中庸の中に、「慎独」という言葉が出てくるのです。これは独りを慎むということで、今風にいえば自律でありますが、儒教は、この慎独ということが、どんなに難しいかの議論の歴史です。この独りを慎むことがなかなかできないから、時には仏教の力を借りたりしたのです。例えば中国の王陽明がある時期に仏教の力を借りようとした。それはこの慎独ということが難しいので座禅をしてみたり、仏教的な現在の自我をすべて離れるとか、そういう状態になってみるのを一生懸命やったわけです。それが全部だめでした。結局、慎独は大変難しいことである。これが儒教の結論といったら妙ですが、そういうことなのです。ではどうするかというと、絶対的、超越的な神という抑止力がありませんから、われわれ多神教徒は、結局は人間同士がそれを教えて、人間同士が厳しく律しあわなければならないというのが儒教文化圏の根本的な教育のあり方であり、人間の生き方なのです。だから、われわれは他律です。他律といっても人間が人間に教えるのです。自律は神がいらっしゃるので自分を厳しく律するのですが、他律で同じ人間が人間にきちっと教える、これは単に知識だけではなく、道徳の領域までくるわけです。プロテスタンティズムですと、道徳は自分の内面の問題だから家族とか地域とか学校とか、まして社会や国家は介入するなというのがプロテスタンティズムの道徳論です。しかし、それはわれわれにはできない。われわれは他律ですから家族が、地域が、学校が、社会が、国家がきちっと道徳を教え込むことが大事なのです。こういうやり方でわれわれは教育をしてきた。そして、成功してきた。その他律というあり方が、われわれに必要なものでした。ヨーロッパ風の一神教の自律ということをいま学校が強制し、社会も強制しているが、それはできないことなのです。絶対できない。そのできないことをしているのが、いまのわれわれだろうと思うのです。

だから、このあたりでもっと根本に戻って、儒教的な教育のあり方を見る必要がありま す。儒教は人間を見ていますから。どう見ているかというと、人間の現実を直視しているのです。はっきりいえば儒教は、それぞれの人をみんな優れた個性ある天才だと思っていないのです。ものすごくリアルな目で見ていますから。儒教は人間が十人いたら、しっかりものを考えるのは二人ぐらいで、後の八人は平々凡々たる人間である、これが儒教の見方です。しかし平々凡々たる八人は多数ですから、その人々に対してきっちりものを教える、型を他律的に教える。そうすると、平々凡々たる人間はその型を守れば生きていける。しかし、優秀な才能あるものは二割いるでしょう。それらの人々は、その学んだ型を破って自分で何かを作り出すことをします。

だから、儒教的教育では、個性教育なんか絶対しません。型をきっちり教えて、八割の平凡な人間はそれを守って生きていけ。そしてあとの二割の優秀な者は型を破っていくのだということでしょう。そういう中からノーベル賞をもらう人が出てくるのでしょう。われわれは平々凡々ですから、型通り生きていくのが正しいのです。これは本当です。

私は、この夏に、家の前の公園でアリが巣に入っていく行列を見ていました。巣に帰っていくアリで、餌を持って帰ってくるのは大体十匹に一匹ぐらいです。あとは手ぶらで帰っている。働く振りをしているのです。あれが八割の、われわれ平々凡々たる人間のあり方なのです。儒教というのは、そういうのをちゃんと見ている。中国人ですから、人間とはどういうものか、リアルな目で見て、だったらこうじゃないかというのを出してきているのです。空理空論はないわけであります。儒教の場合は、心の習慣というのも、きちっと他律で教え込んできたものなのです。人間が社会の中を生きていくのなら、人間らしいことをきっちり身に付けることが人間らしいのだということです。それが心の習慣というものを他律的に受けていくということだと思います。

祖先への鎮魂の思い

司会 ますます宗教的対立で。それでまた加地先生の提言に戻りたいと思いますが、加地先生がいろいろおまとめいただいて、最後に一神教の方でも先祖を祀るということの許容性という話をされましたが、それについて口頭で質問をお願いできますか。

B氏 一神教の側からいいますと、祖先を祀るということは、少なくとも宗教的な意味を持ちますと受け入れられないのではないか。従って条件としてそれを出せば、イラク側が国連決議の条件には絶対のめないものが入っているというのと同じ論理で、祖先を祀るということは不可能ではないかと思うのですが。

加地　よく分りました。そのとおりです。祖先を祀るということは一神教では受け入れられないと思います。そのことは初めから申し上げています。

ただ、もし、われわれが何らかの対話をしていこうとする手がかりとするならば、私は祖先とのつながりというようなところで共通の土壌ができる可能性があるのではないかなということをいっているわけで、可能とは思っておりません。可能性があるということです。その場合、もちろん、われわれの祖先に対する思いと一神教の方々の祖先に対する思いとは違うだろうと思います。違うことは違うのですが、しかし、例えばわれわれは先祖供養をする、儒教的に祖先を祀るということは、現代の人間にしてみれば事実上、想い出を語っているということだと思うのです。霊魂の存在と霊魂との出会いは、遠い大昔にはあったと思います。けれども今日のわれわれにおいては、いわゆる自然科学的な知識とか、いろいろなものが混ざっているわけで、祖先を祀ることの宗教的な意味合いは、要するに亡き人の想い出にひたり、想い出を語るというところの共感だと思うのです。それならば、一神教の方々だって自分の父母や祖父母に対する想い出はあると思うのです。その想い出を語る意味において向うの方々も同じではないか。その辺のところで、亡き人を通じての共通性ができる可能性がある。とすれば、祖先と自分との関係はといえば、これは生命の連続という点においては一神教の方々も理解されるし、教義的には、神が人間を創りたもうたということになるでしょう。けれども、実感としても祖先とのつながりの意味ということはやはりいえるのではないだろうか。そうすると、生命というものは粗末に扱えないということが両者共通のものにできるのではないでしょうか。

私は多神教の世界の中で生きている人間ですが、一神教の方々に、もし提言せよというならば、そういうことであろうかな、というわけです。それが可能かどうかは、分からないですが、やはりいまの殺戮《さつりく》という状況を避けたいという思いをみなが持つならば、そういう歩み寄りの可能性を探っていくことは重要ではないかということなのです。さらに付け加えて申しあげます。国家のナショナリズムにおける死者の先祖崇拝と、儒教的な家族の祖先に対する崇拝とは似て非なるものではないかというご質問を用紙でいただきました。

つまり、国家のために戦って亡くなられた方々の祭祀を行う意味と、儒教的な家族における祖先を祀ることに違いはあるかということですね。かつてはすべて家族として死者を祀るということだったわけです。家族だけでした。江戸時代の日本でも藩のための死者を藩が祀るということはなかったのです。それぞれの家族が家族として死者を祀るということをやってきました。ただ、明治維新以降、国民国家となりましてからは、国家のために亡くなるという新しい形が登場してきたわけです。それまで、国家のために亡くなられた方を国家が祭祀を行うことは、国民国家以前にはなかったのです。近代国民国家になってから、国家のために亡くなられた方々のために何らかの祭祀を行うようになりました。日本でも、明治以後において初めて国家としての鎮魂というものが出てきたのだと思います。

そこで、家族としての鎮魂の平行移動のような形で、国家としての鎮魂というものができたのだろうと思うのです。これは世界各国が行っているわけですが、よその国々の方々は国民国家としての死者への鎮魂だと思いますが、われわれ日本人は単にそう思わずに、やはり家族としての鎮魂の拡大延長だろうと思います。国民国家の意識の違いもあるかもしれませんけれど、そんな気がいたします。

それから、もう一つ「遺体」のことでのご質問ですが、これはクローン人間ができていったら、先祖からの身体というようなものは吹き飛ぶんじゃないかというご質問です。たまたま、文部科学省で自然科学の人たちのクローン関係のことで倫理委員会が急遽開かれましたときに、東洋思想の方から私が出ました。そのときの議論ですが、ご安心ください。全世界的にもうクローン人間は作りません。なぜかというと、クローン人間をわざわざ作って臓器移植云々を考える必要のない時代がきたのです。それはｉＰＳ細胞やＥＳ細胞というものが使われるようになったからです。例えばＥＳ細胞というのは、卵子と精子が結合して受胎して生命の誕生が始まってから二週間までの細胞は、人間ではないのです。二週間後からは人間なのです。だから、卵子と精子の結合した受精卵は二週間以内ですと物体です。二週間以後からは人間として扱わなければいけません。極端にいえば、二週間以前のものならば、何に使ってもいいわけです。そこで、理論的には、そのＥＳ細胞を使って、ある特殊操作をして誘導しますと、肝臓なら肝臓だけを作れるのです。あるいは腕なら腕だけを作れるのです。そこでクローン人間を作って、クローン人間を殺して肝臓を奪うというような荒っぽいことをしなくても、ＥＳ細胞やｉＰＳ細胞をうまく培養して育てていくと、将来、臓器を自由自在に作れるということが分ったわけです。事実、いま実験が始まっています。ＥＳ細胞やｉＰＳ細胞の研究は随分進んでいます。そうすると、クローン人間を作る必要は全くなくなったのです。ですから、クローン人間の研究はしませんし、おそらくその種の研究は今後も出てきません。ただし、クローン技術というのは活かされています。それは食糧生産です。牛とか豚とかを沢山作るためにはクローン技術を使うことができますので、いまそちらの方に技術は全部発展していっていますが、人間に使うということは、もうありませんし、そういうリスクをおかしてまで作る必要がなくなったのです。そういうことですから、ご安心なさったらいかがでしょうか。

では、ES細胞をどう考えるか、これは難しい問題ですが、全体人間像ではありません。部分臓器ですから、許されるのではないかというのが、いまの了解だと思うのです。

その会合のときに知ったのですが、クローン人間をわざわざ作らなくとも、受胎した細胞を動物に移しかえると、もっともうまく成育できるということです。一番人間の臓器に近いのは豚のようです。豚の子宮に受胎した人間のES細胞を入れるとちゃんと生まれることができるようです。でも、私は反対です。そんなこと良くないでしょう。なぜって、豚から生まれたら、できの悪いトン児《じ》（豚児）になってしまいますから。

司会　最後、オチがついたようでございます。非常に短時間の質疑応答で、もっとほかに質問したかった方もおられたと思いますが、皆さん方におかれましては、今日のお話を端緒として各人のお考えを進めていただければと思います。

本日は、長い間、ご清聴ありがとうございました。

【人名索引】

【著者略歴】
加地伸行（かじ・のぶゆき）

昭和11（1936）年、大阪市生まれ。昭和35年、京都大学文学部卒業。中国哲学専攻。大阪大学名誉教授。文学博士。著書に『加地伸行（研究）著作集』全三巻（研文出版）、『儒教とは何か』（中公新書）、『沈黙の宗教――儒教』『中国人の論理学』（ちくま学芸文庫）、『論語全訳注』『孝経全訳注』『論語のこころ』『漢文法基礎』『祖父が語るこころざしの物語』（講談社）、『孔子』『論語』（角川書店）など。

マスコミ偽善者列伝　建て前を言いつのる人々

2018年8月21日　第1刷発行
2018年10月1日　第6刷発行

著　　者　加地伸行
発 行 者　土井尚道
発 行 所　株式会社　飛鳥新社
〒101-0003　東京都千代田区一ツ橋 2-4-3　光文恒産ビル
電話　03-3263-7770（営業）
　　　03-3263-7773（編集）
http://www.asukashinsha.co.jp
装　　幀　神長文夫＋松岡昌代
印刷・製本　中央精版印刷株式会社

ISBN 978-4-86410-597-2

編集担当　工藤博海